DROIT ROMAIN

DE LA GESTION D'AFFAIRES

DROIT FRANÇAIS

DE LA

CONSTITUTION DES SOCIÉTÉS PAR ACTIONS

A CAPITAL FIXE

THÈSE POUR LE DOCTORAT

PRÉSENTÉE PAR

Paul-Henri ESCOFFIER

PARIS

IMPRIMERIE CHAIX

IMPRIMERIE ET LIBRAIRIE CENTRALES DES CHEMINS DE FER

SOCIÉTÉ ANONYME

Rue Bergère, 20, près du boulevard Montmartre

1883

DROIT ROMAIN

DE LA GESTION D'AFFAIRES

DROIT FRANÇAIS

DE LA

CONSTITUTION DES SOCIÉTÉS PAR ACTIONS

A CAPITAL FIXE

THÈSE POUR LE DOCTORAT

PRÉSENTÉE PAR

Paul-Henri ESCOFFIER

*L'acte public sur les matières ci-après sera soutenu
le 24 février 1883*

Président :	MM. RATAUD,		Professeur.
Suffragants :	DEMANTE, GLASSON,	}	Professeurs,
	MICHEL (Henri), JOBBÉ-DUVAL	}	Agrégés.

*Le candidat répondra, en outre, aux questions qui lui seront
faites sur les autres matières de l'enseignement.*

PARIS

IMPRIMERIE CHAIX

IMPRIMERIE ET LIBRAIRIE CENTRALES DES CHEMINS DE FER

SOCIÉTÉ ANONYME

Rue Bergère, 20, près du boulevard Montmartre

1883

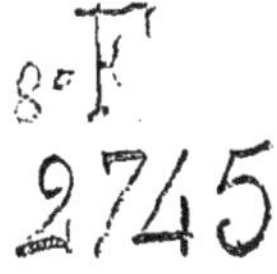

A LA MÉMOIRE DE MON PÈRE

ET DE MA GRAND'MÈRE

————

A MA MÈRE

A MON GRAND-PÈRE

A MON FRÈRE ET A MES SŒURS

DROIT ROMAIN

DE LA GESTION D'AFFAIRES

INTRODUCTION

1. — La législation romaine n'avait point, comme la nôtre, organisé un ensemble de mesures de protection destinées à sauvegarder les intérêts de l'absent.

Aussi, est-ce à propos des absents que la loi 1 de notre titre signale l'utilité de l'édit qui reconnaît à celui qui gère utilement leurs affaires, le droit de se faire indemniser de ses déboursés et des charges par lui contractées dans sa gestion par l'*actio negotiorum gestorum contraria*, laquelle est analogue à l'*actio mandati contraria*. Le *dominus*, c'est-à-dire le tiers dont on gère l'affaire, a contre le gérant l'*act. neg. gest. directa*, analogue à l'action *mandati directa* pour l'obliger à rendre compte de la gestion.

La gestion d'affaires peut avoir pour objet le patrimoine compris dans une hérédité; ici elle supplée le mandat qui n'aurait pu être donné utilement pour une chose à accomplir *post mortem mandantis*.

La gestion d'affaires a aussi son utilité concurremment avec le mandat; supposons que le mandataire désigné soit négligent et n'accomplisse pas son mandat, si nous avons réellement intérêt à ce que la chose soit faite, comment ne pas admettre que nous ne soyons valablement obligés vis-à-vis de celui qui a géré nos affaires à la place du mandataire négligent?

Enfin, il se peut que celui qui aurait intérêt à ce qu'une chose fût faite soit incapable de donner mandat, comme le pupille ou le *furiosus*, ou bien qu'il ignore les circonstances qui font courir un risque à son patrimoine et qui nécessiteraient l'intervention d'un mandataire.

2. — La gestion d'affaires imite le mandat; c'est dans l'examen des caractères et des effets du mandat que nous devons rechercher la justification des règles établies pour la gestion d'affaires, en tenant compte des conséquences qui dérivent naturellement de l'absence du consentement du *dominus*. L'objet du mandat et l'étendue des pouvoirs du mandataire sont déterminés par la convention des parties, les obligations qui en dérivent sont parfaitement définies (1). Dans la gestion

(1) Sauf cependant en ce qui concerne le mandat *incertum*. (L. 3 § 1. — L. 35, 46, 48 § 1. D. h. t. — L. 12. C. eod.)

d'affaires, au contraire, les obligations du *negotiorum gestor* et du *dominus* doivent être réglées uniquement d'après les principes de l'équité. Les parties sont obligées *quasi ex contractu* à raison d'un fait unilatéral.

3. — La gestion d'affaires repose sur une présomption de mandat. Le mandat peut être inconsidéré, sans utilité, compromettant pour les intérêts du mandant ; il n'en est pas moins obligatoire pour le mandataire qui l'a accepté. Le mandant est seul juge de l'utilité du mandat. S'il s'est trompé, tant pis pour lui. Le gérant d'affaires, au contraire, s'arroge l'initiative des mesures à prendre, il est *procurator voluntarius*. S'il se trompe, il subira les conséquences de son erreur ; tout ce qui n'a aucune utilité pour le *dominus* demeure à sa charge.

La loi 39 formule ainsi la règle fondamentale de la gestion d'affaires : « *alienam conditionem meliorem quidem etiam ignorantis, et inviti nos facere posse, deteriorem non posse.* »

Comme le mandataire, le *negotiorum gestor* agit dans le but de rendre service à un tiers, sans avoir en vue aucun bénéfice personnel. Seulement à la différence du mandataire qui peut se faire indemniser de toutes les dépenses occasionnées par l'accomplissement du mandat, le *negotiorum gestor* ne peut se faire tenir compte que des dépenses qui se rattachent à ce qu'il a fait d'utile pour le compte du *dominus*.

4. — De ce que la gestion d'affaires imite le mandat et se rattache aux mêmes causes, il n'en résulte pas que tout ce qui peut faire l'objet d'un mandat puisse également donner naissance à la gestion d'affaires. A raison même des motifs qui l'ont fait introduire, la gestion d'affaires doit d'abord être restreinte aux actes nécessaires dont l'exécution ne peut être différée. L'édit du préteur en fait foi. Il s'agit de préserver les absents, *indefensi*, contre l'envoi en possession et la vente de leurs biens, il faut empêcher l'aliénation du gage qu'ils ont fourni, ou la condamnation résultant de la réalisation d'une clause pénale par eux encourue, et enfin la perte injuste de leur patrimoine (L. I. D. h. t.). Telle dut être l'idée première de la gestion d'affaires. Par extension, la gestion d'affaires fut déclarée applicable à tout ce que le gérant aurait fait d'utile pour le *dominus* : « *si quis absentis negotia gesserit, quidquid utiliter in rem ejus impenderit, vel etiam si se in rem absentis obligaverit, habet eo nomine actionem* ».

En principe, la gestion d'affaires ne doit s'appliquer qu'aux actes d'administration, elle doit avoir pour objet la conservation du patrimoine en souffrance ; gérer c'est administrer. En dehors des actes d'administration, ce que le gérant aura fait ne vaut que si le maître le ratifie, « *veluti si novum negotium quod non sit solitus absens facere* ».

Le grand principe de morale : faire pour les autres ce que nous voudrions qu'ils fissent pour nous, sert de base à l'institution dont nous nous occupons. Au point de vue économique, elle se justifie par cette considération élémentaire ; l'intérêt général exige qu'aucune partie de la fortune publique ne demeure improductrice. Il suffit pour cela que ceux qui sont disposés à prendre soin des intérêts d'autrui demeurés en souffrance ne soient pas retenus par la crainte d'avoir à supporter les dépenses qu'ils auront contractées sans mandat du maître. On fait cesser toute hésitation en donnant à celui qui a utilement géré l'affaire d'autrui *l'actio neg. gest. contraria*. Il peut d'ailleurs se faire que la gestion n'ait occasionné aucune dépense, dans ce cas *l'actio neg. gest. directa* naît seul de la gestion.

5. — La gestion d'affaires n'embrasse point la représentation en justice. Rien n'empêche un tiers de former en mon nom une demande en justice, mais il pourra être repoussé par les exceptions *cognitoriæ ou procuratoriæ*. S'il exerce l'action comme demandeur, le maître pourra ratifier l'instance ou n'en pas tenir compte. Il ratifiera évidemment si le *gestor* a triomphé, il renouvellera au contraire le procès si la sentence a été rendue contre le gérant. La situation de l'adversaire, on le voit, n'était pas égale : il pouvait perdre irrévocablement son procès sans pouvoir le gagner d'une manière définitive. Aussi pourrait-il refuser de plaider et exiger du gérant la caution *de rato*. S'il agit comme défenseur, le gérant épuise le droit litigieux, car le fait d'un tiers peut nous libérer d'une obligation mais non donner naissance à une dette en notre personne. Lorsque le gérant se présentait comme défendeur, le demandeur ne pouvait pas exiger de lui la production de son mandat, mais l'action *judicati* était donnée contre le *defensor* qui était ainsi soumis à l'exécution forcée.

Celui qui intervenait volontairement dans un procès pour autrui prenait le nom de *defensor*. Les femmes qui pouvaient entreprendre valablement une gestion d'affaires ne pouvaient pas représenter quelqu'un dans une instance judiciaire (L. 1, § 5, D. de post.) pas même leur fils (L. 34, § 6, D. h. t.), sauf pourtant l'exception contenue dans la loi 41 (D. de Proc.)

6. — La gestion d'affaires a-t-elle une origine civile ou prétorienne? La question est controversée.

Pour soutenir que cette action avait une origine prétorienne, on invoque la loi 1. D. h. t. « *Hoc edictum necessarium est...* » et la loi 3 pr. h. t. qui contient la formule de l'édit.

Dans le système opposé on tire argument des termes de la loi 8 au Code (h. t.) « *negotiorum gestorum judicio civiliter consiste* » et de la loi 17 § 3. D. *commodati vel contra.* « *Converti in mutuas præstationes actionesque civiles, ut accidit in eo qui absentis negotia gerere inchoavit.* » Enfin un dernier argument à l'appui de cette opinion ressort de la loi 17 D. h. t. qui attribue à l'*actio neg. gest.* le caractère d'action de bonne foi, distinction sans intérêt en ce qui concerne les actions prétoriennes *in factum.*

Nous adoptons le second système pour les raisons indiquées ci-dessus ; nous ne pensons pas qu'il y ait lieu d'invoquer en outre la loi 47 § 1 (h. t.). C'est à tort que l'on prétend que les actions civiles seules pouvaient être données *utiliter.* Le contraire résulte des lois 1 pr. et § 2 *(D. de pign. et hyp.)* et de la loi 1 pr. *(De quib. mod. pign. solv.)*

7. — Les conditions requises pour la formation du quasi-contrat de gestions d'affaires sont de deux sortes : les unes positives, d'autres purement négatives. Les seules conditions positives sont les suivantes : 1° que la gestion ait eu pour objet la chose d'autrui ; 2° qu'elle ait été entreprise dans l'intérêt du maître, — c'est-à-dire que le gérant ait eu *l'intention* de rendre service au maître, en faisant pour lui quelque chose d'utile. D'autres conditions sont purement négatives. Il faut: 1° avoir agi sans le consentement du maître, c'est-à-dire en dehors du mandat; 2° que le maître ne soit pas opposé à la gestion. Enfin 3° il ne faut pas avoir agi *animo donandi.*

Notre sujet peut être envisagé à un autre point de vue. Parmi les conditions indiquées, quelques-unes seulement sont nécessaires pour donner naissance à l'*actio directa.* Les voici : La gestion doit avoir pour objet la chose d'autrui. Il faut avoir agi sans le consentement du maître. — Les autres sont exigées seulement pour donner naissance à l'*actio neg. gest. contraria.* Ce sont les suivantes : Il faut que le maître ne se soit pas opposé à la gestion. Il faut avoir agi en considération et dans l'intérêt du maître. Il ne faut pas avoir agi *animo donandi.*

Cette seconde manière d'envisager le sujet, quoique plus rationnelle, ne nous paraît pas devoir être adoptée parce qu'elle donne lieu à de fréquentes répétitions et à des excursions forcées au dehors du cadre établi. Nous exposerons dans leur ensemble les conditions requises pour la formation du quasi-contrat de gestion d'affaires ; nous exposerons ensuite les obligations qui en dérivent et les actions qui sanctionnent ces obligations. Enfin, nous rechercherons les effets de la ratification tant entre les parties qu'à l'égard des tiers.

PREMIÈRE PARTIE

—

Conditions requises pour l'existence de la gestion d'affaires

—

§ 1. — *La gestion doit avoir pour objet l'affaire d'autrui.*

8. — Si j'ai fait uniquement mon affaire, bien que croyant faire l'affaire d'un tiers, il n'y aura pas là quasi-contrat de gestion d'affaires, car il n'y a pas deux personnes entre lesquelles l'obligation ait pu se former. Mais si de deux choses, l'une ne regardait que moi et l'autre concernait un tiers, il y aurait, quant à cette dernière, gestion d'affaires. L. 6 § 4, D. h. t. (1).

Supposons maintenant que la chose gérée m'appartient en commun avec d'autres personnes, par quelle action pourrai-je me faire tenir compte de ce qui excède ma part dans le montant des dépenses que j'ai faites pour la chose commune ?

Entre associés le recours s'exercerait par l'action *pro socio,* entre communistes par l'action *communi dividundo*, et entre cohéritiers par l'action *familiæ erciscundæ*. Nous trouvons cependant un texte d'Ulpien (L 34, § 7, D. h. t.) qui donne l'action *negotiorum gestorum* au co-propriétaire qui a fait des dépenses pour la chose commune. Une servitude d'eau existe au profit d'un héritage *indivis* ; l'un des co-propriétaires du fonds dominant défend seul à l'action négatoire intentée par le propriétaire du fonds servant et gagne le procès ; pour les frais nécessaires occasionnés par ce procès, celui qui en a fait l'avance exercera son recours par *l'actio neg. gest. contraria*. La décision d'Ulpien a soulevé bien des critiques parce qu'elle

(1) La gestion peut avoir pour objet le patrimoine d'un individu décédé (L. 3, § 6). Ulpien dit qu'il était nécessaire que l'édit contînt sur ce point une disposition formelle « *quoniam neque testatoris jam defuncti, neque heredis qui nondum adiit, negotium gessisse videtur* », mais on applique ici la règle « *hereditas personæ vicem sustinet.* » La loi 21, § 1, dit : «*Qui negotia gerit hereditaria quemadmodum sibi hereditatem, seque ei obligat.* » Voir L. 28, § 4, *de Stip. serv. D.*

paraît contraire aux règles établies. Ce n'est pas que l'*actio neg. gest.* ne puisse être donnée au co-propriétaire d'une chose indivise à raison des dépenses faites dans un intérêt commun ; cette action lui sera donnée toutes les fois que le résultat dérivant de la gestion ne sera pas une conséquence forcée de l'indivision ; c'est-à-dire, si, en agissant, le gérant aurait pu séparer son intérêt personnel de celui de ses co-propriétaires et n'agir que pour son propre compte. Tel est le cas où l'un des co-propriétaires d'une maison indivise qui menace ruine a fourni pour le tout la *cautio damni infecti* alors qu'il n'était tenu de la fournir que pour sa part. Il est certainement pour ses copropriétaires un *negotiorum gestor* (L 40 h. t. *cfr* L. 19 C. h. t.). Bien différent est le cas résolu par la loi 31. Le co-propriétaire du fonds dominant qui a défendu seul à l'action négatoire n'a pas pu séparer son intérêt de celui de ses co-propriétaires, en défendant pour le maintien de la servitude établie au profit du fonds indivis, il n'a pas pú séparer son droit de celui de ses copropriétaires, on ne rencontre donc pas ici l'intention de faire la chose d'un tiers dégagée de l'intention de faire sa propre chose, et à ce point de vue la décision d'Ulpien peut être critiquée. Cette décision peut cependant se justifier par cette considération indiquée par Cujas, que la servitude est indivisible et non pas indivise, et que de ce qu'une servitude est établie au profit d'un fonds commun, il ne s'ensuit pas qu'elle soit commune, d'où il résulte que la servitude ne pouvait pas faire l'objet d'une action en partage. Pour ces raisons on comprend que l'*actio neg. gest.* soit donnée au moins comme action utile (1) à la place de l'action *communi dividundo* (2).

9. — De la loi 31 on a coutume de rapprocher la loi 19 § 2. D. (*comm. divid.*) qui attribue l'*actio neg. gest. contraria* à celui qui a fait des dépenses pour l'entretien d'un passage commun conduisant à deux fonds séparés. Paul trouve déraisonnable l'extension de l'action *communi dividundo* à cette espèce. « *quæ enim communio juris separatim intelligi potest ?* » Le passage a lieu *per eumdem locum.* Mais il n'y a pas là de servitude commune. La solution donnée par Paul dans la loi 19 n'est que l'application pure et simple des principes.

(1) Voir L. 47 D., h. t. « *Utraque actio ejusdem potestatis est, eumdemque habet effectum* ».

(2) La justification proposée par Cujas est adoptée par Vinnius. Pothier trouve cette explication peu satisfaisante. Favre (*Rational. ad. l. 31.,* § 7) considère la décision d'Ulpien comme une conséquence du principe que la servitude peut être retenue pour partise. Accurse propose d'admettre que le fonds dominant a cessé d'être commun, ce qui est absolument contraire au texte.

La gestion peut avoir pour objet le patrimoine d'un individu retenu captif chez les ennemis, l'action de gestion d'affaires sera donnée contre lui à son retour, *etiamsi eo. tempore, quo gerebantur (negotia ejus) dominum non habuerunt.* L. 19 § 5.

§ 2. — *Il faut que le gestor ait agi sans le consentement du maître.*

10. — Il est presque inutile de dire que la gestion d'affaires exclut l'existence d'un mandat. C'est là une. condition purement négative. S'il y avait mandat nous serions en dehors du cas où les obligations naissent *quasi ex contractu.*

Le droit romain reconnaissait formellement le mandat tacite. Il fallait pour qu'il y eût gestion d'affaires que le maître eût ignoré la gestion ou tout au moins n'eût pas pu l'empêcher. « *Semper qui non prohibet pro se intervenire mandare creditur.* » Ulpien, L. 60 D. *de reg. jur. adde.* L. 5 § 2 *mandati,* L. 18 et L. 53 D. *eod. tit.* L'idée qui se dégage de ces textes est que la présence du maître jointe au défaut d'opposition de sa part (*præsente et non recusante*) est considérée comme constituant mandat. Mais de ce que le mandat peut n'être que tacite, il ne s'ensuit pas qu'il suffise de s'être cru investi d'un mandat pour pouvoir exercer *l'actio mandati contraria* (L. 5 pr. h. t. (1).

11. — Le mandataire qui excède les limites de son mandat ne peut exercer pour ce qu'il a fait en dehors de son mandat que *l'actio neg. gest.* Cela résulte de la loi 32 D. h. t. — Un débiteur est tenu vis-à-vis du même créancier de deux obligations garanties séparément par deux gages distincts. Le fidéjusseur qui a cautionné l'une des deux dettes, jugeant insuffisant le gage affecté au payement de la dette par lui cautionnée, tandis que le gage affecté au payement de l'autre dette est d'une valeur plus élevée, et, croyant à tort (*imperitia lapsus*) bénéficier de la réunion des deux gages, paye en même temps les deux dettes; il se fait céder les actions du créancier et réunit dans sa main les gages et hypothèques qui lui garantissent le remboursement de ses avances. Pour la dette qu'il a cautionnée, le fidéjusseur qui l'acquitte a contre le débiteur principal *l'actio mandati.* Mais en ce. qui concerne la dette à laquelle il était étranger et qu'il a éteinte pour profiter de la réunion des gages, il ne peut être question de *l'actio mandati,* mais il aura l'action de gestion d'affaires. Ainsi l'a décidé Papinien.

(1). — La question de savoir si l'homme libre qui s'est cru esclave et qui a agi sur l'ordre du maître pourra, son erreur une fois reconnue, exercer contre le maître *l'actio mandati* est controversée entre les juriconsultes romains. Paul et Labeon lui refusent *l'actio mandati* parce qu'il n'a pas agi librement et lui donnent seulement l'action de gestion d'affaires. D'après Pomponius et Celsus, il y aurait là un mandat ou tout au moins un contrat innommé. L. 19 § 4 h. t. et L. 13 § 2.

Il n'apparaît pas que les conditions requises pour la gestion d'affaires se rencontrent ici, car le fidéjusseur en payant n'a eu en vue que son propre intérêt, mais Papinien fait prévaloir l'équité ; et comme le payement de la seconde dette, bien qu'effectué par le fidéjusseur en vue de s'assurer le remboursement de ses avances, n'en a pas moins tourné à l'avantage du débiteur principal qui s'est trouvé libéré, on décide qu'il y a lieu d'accorder au fidéjusseur *l'actio neg. gest. contraria*. — *Si quid interfuit debitoris eam pecuniam solvi*, L. 43 h. t. Le texte ajoute que le créancier ne sera en aucun cas tenu de restituer le gage affecté au paiement de la deuxième dette, parce qu'en le cédant il n'a fait qu'user de son droit (1) et d'autre part que le fidéjusseur qui s'est fait remettre les gages ne sera tenu en ce qui touche la perte de ces gages que de sa faute et non des cas fortuits, *quia prædo fidejussor non videtur*. (Confer. L. 40 D. *de Sol.*)

12. — Même au cas de mandat, *l'actio neg. gest.* est seule donnée à celui qui s'est substitué au mandataire. Vous avez donné mandat à quelqu'un de se porter fidéjusseur pour vous ; il a accepté, puis il n'accomplit pas son mandat pour un motif autre qu'un cas de force majeure. Je me porte fidéjusseur à sa place, « *liberandæ fidei ejus.* » Je n'aurai pas l'action *mandati contraria*, mais seulement *l'actio neg. gest.* contre celui en considération de qui je me suis obligé et à qui j'ai eu le désir de rendre service, dans l'espèce, contre celui dont j'ai pris la place comme fidéjusseur, *liberandæ fidei ejus*. (L. 46, § 1, h. t.).

13. — Le gérant d'affaires peut, à l'occasion de la même gestion, avoir à la fois les actions *mandati et negotiorum gestorum*. — Si j'ai donné mandat à quelqu'un de gérer une chose qui m'est commune avec vous, Labéon dit que si mon mandataire a su qu'il faisait en même temps votre affaire, il sera tenu envers vous par l'action de gestion d'affaires, et que de son côté il pourra exercer contre vous cette même action pour votre part dans l'affaire, à moins qu'il ne préfère agir pour le tout contre moi mandant. Ajoutons que le mandant pourra exercer son recours pour la part afférente à son copropriétaire à l'aide de *l'actio neg. gest.* (L. 28, D. h. t.). Mais il ne devient

(1) La loi 2. *(C. de fidej.)* statue sur une espèce correspondant à celle exposée ici. Elle envisage le cas où le fidéjusseur a cautionné l'une seulement des deux dettes pour lesquelles le débiteur principal avait hypothéqué ses immeubles. Le fidéjusseur qui éteint la dette pour laquelle, il était obligé ne peut exiger la cession des hypothèques consenties au créancier qu'à la condition d'éteindre les autres dettes au paiement desquelles l'immeuble ou les immeubles étaient affectés.

gérant d'affaires que le jour où le mandat reçoit un commencement d'exécution et cela, parce qu'il ne suffit pas pour la gestion d'affaires d'avoir l'intention de faire l'affaire d'autrui ; il faut l'immixtion réelle dans les affaires du *dominus.*

La loi 31, § 1, statue sur une hypothèse qui diffère un peu de celle-ci. — Le gérant d'affaires de Sempronius ignorait que, parmi les affaires qu'il gérait, quelques-unes concernaient Titius. Le texte dit que Sempronius et Titius auront contre le gérant l'action de gestion d'affaires. — Dans la première hypothèse on rencontre l'intention de faire l'affaire d'un tiers ; dans la seconde, l'intention fait défaut, mais la réalité suffit pour soumettre le gérant à l'action de gestion d'affaires de la part du maître de l'affaire. — Par application des mêmes principes, si un tiers gère, sur le mandat du mari, les biens du mari et ceux de la femme, il aura l'action *mandati* contre le mari et l'action *neg. gest.* contre la femme (L. 14, C. h. t.).

14. — Le consentement du *dominus* donne naissance à *l'actio mandati* et exclut la gestion d'affaires. A cette règle, nous trouvons une exception contenue dans les lois 6 et 7 D. ad S. C. Vellei., desquelles il résulte que, lorsque le mandat est inefficace, le gérant peut invoquer l'action de gestion d'affaires non point contre le mandant, mais contre celui à qui la gestion a profité. — Une mère donne mandat à des tiers de cautionner le *defensor* de son fils absent, tenu de fournir la caution *judicatum solvi.* — Poursuivis par le créancier, ces fidéjusseurs peuvent-ils se servir de l'exception du S. C. Velléien ? Non, ils ne le pourront pas, si le créancier a ignoré qu'ils s'étaient engagés en exécution du mandat de la mère ; à l'exception du S. C. Velléien, le créancier poursuivant opposera la *replicatio doli.* D'autre part, les fidéjusseurs ne pourront, après avoir satisfait à la condamnation, exercer aucun recours contre la mère qui leur a donné mandat de s'obliger, « *quia mandati causa per senatus consultum constituitur irrita.* » Ils pourront seulement exercer *l'actio neg. gest. contraria* contre le *defensor* qu'ils ont cautionné.

15. — La loi 32, § 1, nous indique un cas où *l'actio neg. gest.* est donnée à la place des actions *mandati* ou *depositi,* lesquelles se sont évanouies. « *Ignorante virgine, mater a sponso filiæ res donatas suscepit, quia mandati vel depositi cessat actio negotiorum gestorum agitur.* » La fille ou ses héritiers pourraient agir par l'action *depositi* si elle avait eu connaissance de ces libéralités. (L. 25, *D. depositi).*

§ 3. *Il faut qu'il n'y ait pas eu défense de la part du maître.*

16. — Le foudement de la gestion d'affaires, nous l'avons vu, est la présomption de mandat ; or, en cas d'opposition de la part du maître, il n'y a plus place pour une présomption.

On a cependant proposé de donner au gérant une action utile ; cette opinion est rapportée par Paul qui la repousse d'accord avec Pomponius. L. 40 d. mand. Au surplus, lorsque la gestion a commencé en l'absence de toute opposition de la part du maître, la défense du maître prive le gérant de toute action seulement pour les actes faits postérieurement à sa défense. L. 24, 1. h. t. Ce principe est ainsi formulé par Justinien.

Voici une espèce résolue par l'application de ce principe (L. 8, § 3 D. h. t.). De deux associés, l'un seulement s'est opposé à la gestion. Aurai-je *l'actio neg. gest.* contre celui qui n'a pas manifesté d'opposition ? La raison de douter est que l'action exercée contre ce dernier produirait un effet au moins indirect contre celui qui s'y est opposé, et qui serait tenu de supporter sa part de la dette par l'action *pro socio.* D'un autre côté on a pensé qu'il serait injuste que celui qui n'a pas manifesté d'opposition se trouvât libéré par suite de l'opposition faite par son co-associé, alors qu'on admet sans difficulté que si au lieu de gestion d'affaires, il s'agissait d'un *mutuum* consenti à l'un des associés, celui qui a reçu la somme serait seul obligé à l'égard du *tradens;* pourquoi en serait-il autrement en ce qui touche le gérant d'affaires ? Aussi Julien décide que *l'actio neg. gest.* pourra être exercée contre l'associé qui ne s'est par exposé à la gestion : *ita tamen ut is qui prohibuit ex nulla parte neque per socium neque per se ipsum damni aliquid sentiat.* Ulpien approuve cette décision. Elle ne nous paraît pas irréprochable et l'argument d'analogie ne nous semble pas convaincant. Un associé qui a emprunté une somme d'argent est seul obligé par son consentement, au lieu que vis-à-vis du gérant d'affaires, l'associé va se trouver seul obligé pour n'avoir pu s'opposer à la gestion, entreprise peut-être à son insu.

17. — Le principe qui veut que le gérant n'ait pas d'action en cas d'opposition du maître, fléchit devant un intérêt supérieur qui s'attache à l'ensevelissement des morts. L'édit du préteur consacre cette dérogation au principe. *Quod funeris causa sumptus factus erit, ejus recuperandi nomine in eum ad quem ea res pertinet judicium dabo.* L. 12, § 2. de relig. Cette

action qui est une variété de *l'actio neg. gest. justam non meram negotiorum gestorum actionem imitans*, s'appelle *actio funeraria*. Elle a pour objet une créance privilégiée. L. 45, de relig. On applique pour le reste les principes qui régissent la gestion d'affaires, c'est-à-dire qu'il ne fallait pas avoir dépassé l'utilité de la dépense en faisant des frais au delà de toute proportion avec la fortune ou la situation du défunt. L. 74, § 6 de relig. et ne pas avoir agi purement dans une pensée de libéralité ou *ex pietatis officio*.

18. — Même en cas d'opposition du maître, on peut valablement payer pour lui et le libérer de son engagement (L. 39, h. t.), et on a de ce chef l'*actio neg. gest.* contre lui *nisi si quid debitoris interfuit eam pecuniam non solvi* (L. 43, h. t.) comme si le terme n'était pas expiré (L. 22, mand.), ou si le débiteur jouissait d'un droit de rétention (L. 51 *de cond. indeb.*) ou bien encore s'il pouvait opposer la compensation à son créancier tenu envers lui d'une obligation naturelle (L. 6 *de compens*).

§ 4. — *Il faut avoir agi dans le but de faire l'affaire du maître.*

19. — D'après les principes du droit civil, il fallait que le gérant eût agi en vue d'une personne déterminée, mais on s'était relâché de la rigueur de cette condition et, suivant le droit prétorien, l'*actio neg. gest. contraria* était donnée à celui qui avait agi dans l'intérêt d'un tiers quel qu'il fût. Il suffisait qu'il n'eût pas agi uniquement en vue de son propre intérêt, mais s'il avait fait l'affaire de Paul, croyant faire celle de Pierre, il n'y avait là aucun obstacle à l'exercice de l'action *neg. gest. contraria* contre Paul qui recueillait le bénéfice de la gestion. (L. 5, § 1, h. t. *Adde* L. 6, § 8.)

Titius paye les créanciers héréditaires, croyant sa sœur appelée par testament à recueillir une succession et voulant rendre service à sa sœur. Mais, en fait, le *de cujus* avait laissé des *heredes sui*. Le testament se trouve écarté parce qu'il était *injustum*. Titius n'a pas agi en vue des *heredes sui*, mais on lui donne cependant contre eux l'*actio neg. gest. utilis* par un motif d'équité, dans le but de l'exonérer de toute perte. (Voir L. 45 § 2, D. h. t.) (1).

20. — Lorsque le gérant avait en réalité fait sa propre affaire, croyant faire celle de Pierre, nous l'avons vu, la première condition exigée faisant défaut, sa gestion ne donnait naissance à aucune espèce d'obligation « *ex nullo latere* ».

(1) L'action de gestion d'affaires sera donnée d'après Callistrate à défaut de l'action de tutelle, à celui qui a été nommé par testament tuteur d'un posthume qui n'est pas né (L. 29, D. h. t.) Confer. L. 24 (D. *de tut et rat.*)

(L. 6; § 4, h. t.) Mais le gérant pouvait tomber dans l'erreur inverse et, croyant gérer sa propre affaire, avoir en réalité géré l'affaire d'un tiers.

Comment se réglait la situation qui en résultait ?

Évidemment celui qui n'avait en vue que son propre intérêt et qui ne se proposait que de faire sa propre affaire n'avait voulu obliger personne. Lui seul était tenu de l'*actio neg. gest.* sans réciprocité à l'égard du *dominus*. Cependant, pour éviter que ce dernier s'enrichisse injustement, on a cherché à pallier la rigueur de ce principe : on propose d'assimiler le gérant d'affaires au possesseur de bonne foi qui avait élevé par erreur des constructions ou fait des plantations sur le sol d'autrui. Tant qu'il demeurait en possession du fonds, il pouvait contraindre le propriétaire du sol revendiqué à lui payer ou la dépense (*pretium materiæ et mercedes fabrorum*. Inst. II, § 30), ou la plus-value donnée au fonds (*Celsus*. L. 38, D. *de rei vindic.*), et cela en opposant l'*exceptio doli* à l'action en revendication et en se prévalant du droit de rétention (1). Mais s'il avait perdu la possession, à moins qu'il ne se trouvât dans les conditions requises pour la récupérer à l'aide des interdits *unde vi* ou *uti possidetis*, il n'avait pas d'action à exercer contre le propriétaire, parce qu'entre le propriétaire du sol et le constructeur dépossédé, il n'y avait aucune cause civile d'obligation. Vainement on avait proposé de corriger cette injustice en donnant au constructeur l'*actio neg. gest*. La loi 14, *Com. divid.* s'opposait à l'admission de cette solution. Disons qu'au surplus, si la construction venait à être démolie, le constructeur avait la ressource de réclamer les matériaux lui appartenant (L. 2, *C. de rei vindic*. III. 32). Ces règles nous paraissent parfaitement applicables au gérant d'affaires qui a fait par erreur la chose d'autrui croyant faire la sienne propre. Il ne pourra donc être indemnisé que de la plus-value résultant de sa gestion et à condition qu'il soit demeuré en possession de ce qui fait l'objet de la gestion, à l'aide de son droit de rétention (2).

21. — La loi 6, § 3, envisage l'hypothèse ou le gérant d'affaires s'est immiscé dans les affaires d'autrui, non plus par erreur, mais dans le but de réaliser un bénéfice *sui lucri causa*. Le maître pourra toujours exercer contre le gérant

(1) L. 14, D. *de dol. mal. et met.* — L. 33, *de cond. indeb.* D.

(2) Cette solution est applicable au communiste qui a fait des dépenses pour la chose commune qu'il considérait par erreur, comme sienne propre. (L. 14, § 1, D. *com. divid.*), mais on admet en équité qu'il peut se faire tenir compte de ses dépenses par l'action *communi dividundo*.

l'*actio neg. gest. directa*, cela n'est pas douteux. Le gérant ne pourra pas exercer l'*actio neg. gest. contraria*, mais sera-t-il dénué de tout recours pour les dépenses qu'il a faites et dont le maître a profité? Le texte fait ici une réserve : *Ipse tamen si aliquid in res meas impenderit, non in id quod ei abest quia improbe ad mea negotia accessit, sed in id quod ego locupletior factus sum habet actionem.* Cette décision a soulevé bien des critiques.

Le prétendu gérant d'affaires qui s'immisce dans les affaires d'autrui *deprædandi animo* peut être assimilé à celui qui a fait de mauvaise foi des constructions sur le sol d'autrui. Voyons si la décision contenue dans la loi 6, § 3, est en harmonie avec les textes relatifs au possesseur de mauvaise foi. Le possesseur de mauvaise foi est-il encore en possession? Le propriétaire qui revendique le fonds n'est tenu de lui payer aucune indemnité, parce qu'en ce qui touche les constructions par lui élevées, le possesseur de mauvaise foi *donare videtur*. Inst. de div. rer. 30. L. 1, 7, § 12. D. *de adq. rer. dom.* Cette solution rigoureuse n'avait point prévalu. La loi 5 au Code (*de rei vindicatione*) consacre une doctrine bien différente. Le possesseur même de mauvaise foi aura le droit de rétention pour se faire indemniser des dépenses nécessaires, *nullam habeant repetitionem, nisi necessarios sumptus fecerint, sin utiles, licentia eis permittitur sine læsione prioris status rei eos aufferre;* le constructeur demeurant est tenu de prouver qu'il n'a pas élevé ces constructions *animo donandi.* (*L. 2. C. de rei vindic*).

Enfin la loi 38 (*D. de hered. petit.*) fournit une troisième solution qui autorise le possesseur à invoquer son droit de rétention pour se faire tenir compte même des dépenses utiles par le demandeur qui intente la pétition d'hérédité. Cette loi ne peut pas être prise dans un sens étendu, elle régit uniquement la pétition d'hérédité et elle se justifie par le caractère de large équité de cette action.

La règle posée dans la loi 5 au Code demeure donc entière. Ainsi le possesseur de mauvaise foi ne peut se faire rembourser que les dépenses nécessaires à l'aide de son droit de rétention. S'il a cessé de posséder, il est dénué d'action, ne pouvant être mieux traité que le possesseur de bonne foi. Nous ne rencontrons rien d'analogue à la solution de la loi 6, § 3. Aussi Gérard Noodt avait-il proposé de remplacer le mot *actionem* de la loi 6 par le mot *exceptionem* ou *retentionem.* (1) Nous pensons qu'il est inutile de vouloir concilier cette déci-

(1) Cujas, Voët, Fabre et Pothier n'acceptent point la correction proposée.

sion avec celles relatives aux possesseurs de mauvaise foi. Aussi bien la loi 6, § 3, peut s'expliquer autrement. Elle vise simplement un tiers qui gère les affaires d'autrui, espérant en retirer quelque avantage. Ce n'est pas un possesseur, c'est un gérant d'affaires. Il est soumis à l'*actio neg. gest. directa,* basée sur le principe *culpa est se immiscere rei ad se non pertinenti.* Le gérant n'est pas eu possession, en sorte que si la gestion a profité au maître, celui-ci pourrait juger inutile d'intenter l'*actio neg. gest. directa.* Dans ce cas, le *negotiorum gestor* n'aurait pas la ressource d'invoquer *l'exceptio doli mali* pour se faire tenir compte de ses déboursés. L'équité commande cependant que le maître ne bénéficie pas de la situation anormale du gérant et ne s'enrichisse pas à son détriment à titre de représailles et par cette raison que le gérant avait eu l'intention de s'enrichir au détriment du maître. Il n'est que juste de permettre au *gestor* de se faire tenir compte de ses dépenses à concurrence de l'enrichissement procuré au *dominus,* mais par quelle action ? Nous pensons que l'action donnée par la loi 6, § 3, n'est autre que l'action de gestion d'affaires diminuée dans ses effets, donnée contre le maître seulement *in id quod locupletior factus est.*

22. — Cette décision peut être rapprochée de la loi 18 (*D. hered. pet.*) relative au *prædo* qui, s'il est poursuivi par la *petitio hered.* est autorisé à se faire tenir compte de la plus-value résultant des dépenses par lui faites « *et idipsum officio judicis continebitur, nam nec exceptio doli mali desideratur.* »

En somme celui qui s'est immiscé dans les affaires d'autrui *sui lucri causa et animo deprædandi* est traité plus favorablement que celui qui gère *invito domino* qui lui ne pourra même pas agir *in id quod locupletior factus est dominus.* Tout au plus l'admet-on, s'il a fait des constructions sur le fond du domaine, à reprendre les matériaux après la destruction des édifices. En effet, on ne rencontre pas ici le motif pour lequel le gérant même *sui lucri causa* peut se faire indemniser des dépenses nécessaires ; c'est qu'on peut toujours dire que le maître ne pouvait pas faire autrement que d'approuver les dépenses nécessaires.

23. — Nous venons de voir que les possesseurs, soit de bonne foi, soit de mauvaise foi, n'ont aucune action pour se faire indemniser s'ils ont cessé de posséder, alors qu'ils se sont immiscés dans les affaires d'un tiers.

L'intention de faire l'affaire d'autrui constitue une des conditions rigoureuses de l'*actio neg. gest. contraria.*

La seule loi qui déroge à cette règle est la loi 49 D. h. t. texte d'Africain. L'esclave que j'ai vendu m'a soustrait un objet. Cet objet vendu par le nouveau maître vient à périr. On devra me donner l'action *neg. gest.* pour me faire restituer le prix de vente, comme on me la donnerait contre vous si vous aviez géré mes affaires tout en croyant faire les vôtres.

Cette décision est critiquable, d'abord parce que le nouveau maître de l'esclave vendu, qui a aliéné l'objet dérobé par cet esclave, n'a point eu l'intention de vendre cet objet pour le compte d'autrui. Mais on peut dire qu'en réalité, il a fait l'affaire de son vendeur à qui l'objet dérobé n'avait point cessé d'appartenir et qui aurait pu le revendiquer entre les mains du possesseur actuel s'il n'avait point péri. Mais cette décision paraît inadmissible quand on considère que le propriétaire pouvait en exerçant la *condictio sine causa* atteindre le même but qui est de se faire restituer le prix. Il importe de remarquer que l'action *neg. gest.* serait plus rigoureuse que la *condictio sine causa*, puisque si l'on appliquait les principes de la gestion d'affaires en matière de faute, le vendeur pourrait être tenu de rendre plus que le prix qu'il a retiré de cette vente. Le texte se borne à astreindre le gérant à restituer le prix qu'il a touché.

24. — La loi 49 passe à une autre hypothèse et poursuit : Comme au contraire vous auriez l'*actio neg. gest.* contre moi si, vous croyant investi de l'hérédité qui m'est échue, vous aviez payé les legs qui consistaient en choses vous appartenant, puisque le payement aurait pour effet de me libérer. Cette décision contraire aux règles énoncées paraît également en opposition avec une autre décision du même jurisconsulte contenue dans la loi 38 § 2 de sol. D. 46. 3. De ce dernier texte il résulte que le payement fait par l'héritier apparent n'est pas irrévocable ; ce qui a été payé par erreur peut être répété, par conséquent l'héritier véritable n'est pas libéré. Il ne peut donc être tenu d'aucune obligation à l'égard de l'héritier apparent qui a fait ce payement. En y réfléchissant, on reconnaît qu'il n'y a pas antinomie entre ces deux décisions. Le payement auquel fait allusion la loi 49 a eu pour effet de libérer l'héritier vis-à-vis des légataires. La décision de la loi 38 vise un payement qui n'est point irrévocable puisqu'il peut être annulé par la *condictio indebiti*, à l'aide de laquelle celui qui a fait le payement pourra se faire restituer les sommes qu'il a versées, au lieu que dans l'espèce sur laquelle statue la loi 49, celui qui a acquitté le legs a fait un payement irrévocable. En lui permettant d'exercer contre l'héritier

véritable l'*actio negotiorum gestorum*, on vient à son secours, on lui fournit un moyen de se faire indemniser de ses avances.

On a proposé d'interpréter cette solution en ce sens que l'action *negot. gest.* n'est donnée au gérant que subsidiairement et à défaut de toute autre voie de recours, de sorte que la décision d'Africain se justifie par cette considération qu'elle s'applique à un héritier putatif qui n'est pas en possession de l'hérédité, car autrement il pourrait invoquer le droit de rétention, et faute par lui de se prévaloir de ce droit, il serait dénué de tout recours. A l'aide de cette supposition, la décision de la loi 49 serait en harmonie avec les principes ci-dessus : ainsi, dit-on, dans la loi 38 il n'est pas question d'action *neg. gest.*, parce que la *condictio indebiti* suffit à garantir l'héritier apparent contre la perte résultant du payement des dettes héréditaires. Nous croyons pour notre compte qu'il n'y a pas lieu de suppléer au silence du texte de la loi 49 en ce qui concerne la possession de l'hérédité et nous n'acceptons pas cette manière de résoudre la difficulté. Nous préférons voir dans la loi 49 une décision isolée, mais non injustifiable.

Le payement visé par la loi 49 est irrévocable, mais pour quel motif ? Cujas suppose que l'héritier apparent n'a pas payé *suo nomine*, car alors il aurait la *condictio indebiti*, mais *hereditario nomine*. L'héritier véritable est libéré non pas *ipso jure*, mais par l'exception de dol opposable à celui qui réclame deux fois la chose due.

Il faut supposer que l'héritier apparent contre lequel on intente la pétition d'hérédité, inquiet sur l'issue du procès, cesse de payer en son nom les dettes héréditaires pour payer *hereditario nomine*.

Cette explication n'est point des plus naturelles, une autre explication a été proposée qui nous paraît lever toute difficulté.

Africain parle ici du legs *per damnationem*, cet *optimum jus legati*, qui permet même le legs de la chose d'autrui. C'est ici le cas ; « *res tuas proprias legatas solvisses.* » L'emploi du mot « *solvisses* » cadre parfaitement avec cette hypothèse. Ce mot serait inexact s'il s'agissait d'un legs *per vindicationem* ou *sinendi modo*. Or, la répétition·n'est pas admise en ce qui touche les dettes pour lesquelles le débiteur récalcitrant « *inficians* » peut encourir une condamnation au double. (*Gaius* IV. 9. Inst.) Il en est ainsi du legs *per damnationem* que l'héritier a dû délivrer pour peu qu'il crût à la validité du legs. Mais comme en payant les legs, l'héritier apparent, bien qu'il ait cru faire sa propre affaire, a, en réalité, fait l'affaire d'autrui, c'est-à-dire de l'héritier véritable, il a paru juste de l'indemniser de ce payement. Africain propose de lui donner l'*actio neg. gest. contraria utilis*.

Cette décision, d'ailleurs parfaitement équitable, est en désaccord avec les principes établis en matière de gestion d'affaires, d'après lesquels le gérant doit avoir agi dans l'intention de faire l'affaire d'un tiers et non dans son propre intérêt. Ici on n'envisage que la réalité.

25. — La nécessité juridique qui force à faire l'affaire d'un tiers n'exclut pas l'intention d'obliger celui pour qui on gère. (L. 3 § 3. D. h. t. — L. 18. C. *eod.*) Voyons si cette règle s'applique, comme on l'a prétendu, au co-débiteur solidaire qui a éteint la dette dont plusieurs étaient tenus *in solidum*.

La loi 30 de notre titre est relative à des co-débiteurs simplement tenus *in solidum* qui se distinguent des *correi promittendi* ou *debendi* par une différence capitale dans l'effet de la *litis contestatio* engagée avec l'un de ses co-obligés. La *litis contestatio* engagée avec l'un des *correi promittendi* éteint l'obligation à l'égard de tous les *correi*, au lieu que engagée avec un co-débiteur simplement solidaire, la *litis contestatio* ne produit d'effet qu'à l'égard du débiteur poursuivi. Cette diversité a été prise pour fondement d'une théorie qui attribue l'action *neg. gest.* à celui des codébiteurs simplement solidaires, qui a par le payement libéré ses co-obligés.

Cette théorie a été inaugurée par Ribbentrop et développée par Vangerov. On a dit, puisque la *litis contestatio* laisse subsister les obligations des autres co-débiteurs, c'est qu'il y a dans l'obligation solidaire *plures obligationes*, quoiqu'elles aient toutes pour objet *una et eadem res*, au lieu que l'obligation *correale* ne comprend qu'une seule obligation puisqu'elle est éteinte à l'égard de tous par la *litis contestatio*. Donc celui qui éteint par le payement l'obligation solidaire, a éteint par là même les obligations de ses co-obligés et non pas seulement sa propre obligation, et il doit pouvoir exercer l'action de gestion d'affaires.

26. — En l'absence d'autres preuves nous ne pensons point que l'effet limitatif de la *litis contestatio* dans les obligations *in solidum* ait sa source dans une diversité fondamentale des obligations des débiteurs solidaires avec les obligations corréales. On sait quelle diversité régnait dans les effets de la *litis contestatio*, selon qu'il s'agissait d'un *judicium legitimum* ou *imperio continens*. La *litis contestatio* produisait un effet extinctif absolu relativement aux *stipulationes certi*, au *mutuum* et aux obligations *litteris*, elle ne produisait qu'un

effet restreint à celui qui était poursuivi par l'action résultant d'un commodat ou d'un dépôt, ou à l'égard de l'un des constituants ou des *mandatores pecuniæ credendæ.*

Nous pensons donc que la base sur laquelle s'appuie la théorie de Ribbentrop et de Vangerov n'est point elle-même suffisamment solide. Il n'est pas établi qu'il n'y ait dans les obligations corréales qu'un seul obligé et qu'il y en ait plusieurs dans les obligations solidaires. Mais à supposer que cela fût établi, cette théorie ne serait pas encore irréprochable; elle donnerait l'action de gestion d'affaires, sans tenir compte de l'intention de faire la chose d'autrui.

Le co-débiteur solidaire paye la dette pour accomplir une obligation qui lui incombe personnellement et à laquelle il ne saurait se soustraire. Il ne peut pas prétendre qu'il a voulu faire la chose de ses co-obligés puisque le payement par lui fait déliait tous ces co-obligés.

Dans le système de Vangerow, les lois 1 § 13 et 15 D. de *tut et rat.* L. 4 C. de *contr. jud., tut.* L. 45 D. de *adm. et peric. tut.* et L. 4. *de his qui effud.* — dans lesquelles il est question de l'exercice d'actions utiles, concordent avec la loi 30 h. t. Il s'agirait dans ces lois d'actions utiles de gestion d'affaires (1).

27. — Nous n'admettons point pour notre compte cette interprétation. Ces diverses lois se réfèrent à l'action utile donnée au lieu et place des actions cédées *quasi ex jure cesso.* Il est à remarquer que la décision rapportée par la loi 1, § 13 *de tut. et rat.* est d'Antonin le Pieux qui avait donné à l'acheteur d'une hérédité le droit d'exercer comme actions utiles les actions qu'il avait le droit de se faire céder (L. 16. D. *de pactis*). Une autre considération s'élève contre le système de Vangerow; c'est que dans les divers textes où il s'agit d'actions utiles, il est question d'une condamnation prononcée contre celui à qui on donne les actions utiles; or, comment concevoir qu'on eût refusé l'action de gestion d'affaires à celui qui aurait payé en dehors de toute condamnation, si réellement il pouvait y avoir ici gestion d'affaires. Au lieu que ces décisions s'expliquent naturellement, si l'on suppose qu'il s'agit d'actions utiles remplaçant les actions cédées.

28. — Mais voyons l'espèce résolue par la loi 30, h. t. Un curateur avait été chargé par décret de la Curie, d'acheter du blé de première qualité. Un sous-curateur lui avait été adjoint. Ce dernier ayant gâté le blé par un mélange, le prix du

(1) Cette interprétation était celle de Pothier (Oblig. n° 480) et de Rénusson (Sub. chap. ix, n° 7).

blé destiné à un usage public fut mis à la charge du curateur. On se demande par quelle action le curateur pourra se faire indemniser par son sous-curateur. Valerius Severus décida qu'il y avait lieu pour le curateur de recourir à l'action *neg. gest.* Il décidait également que la même action devait être donnée au tuteur contre son cotuteur et au magistrat municipal contre son collègue, le cas de complicité de fraude excepté.

Cette décision est-elle juridique? Peut-elle être généralisée et étendue à tous les codébiteurs solidaires?

Nous pensons que cette décision, si elle n'est pas irréprochable au point de vue des principes de la gestion d'affaire, s'en écarte moins cependant que la loi 49 de notre titre ; parce que dans cette espèce le curateur, quoique contraint de prendre à sa charge le prix du blé, a certainement eu l'intention d'exercer un recours contre son sous-curateur, par la faute duquel il a subi un préjudice consistant dans le prix du blé. Cette décision est d'ailleurs parfaitement équitable et peut être rapprochée des lois 3 § 10 D. h. t. et de la loi 18 C, d'après lesquelles l'action *neg. gest.* était accordée dans certains cas à celui qui avait fait l'affaire d'autrui y étant contraint par une nécessité juridique. Cujas fait valoir cette considération que les curateurs, les tuteurs et les magistrats remplissent un *munus publicum.* « *Collegæ qui commune officium gerunt* », et qu'ils se distingnent par cela des autres classes de codébiteurs solidaires. D'ailleurs, dans l'espèce le sous-curateur adjoint au curateur pour une opération spéciale était réellement seul responsable du dommage résultant de sa faute. Le curateur avait été forcé de prendre à son compte l'opération désastreuse de son sous-curateur. Il avait dû subir la perte du prix du blé avarié au lieu et place du sous-curateur. Il avait donc fait la chose du sous-curateur en réparant les dommages par lui causés. Il était juste de lui donner contre son sous-curateur l'action de gestion d'affaires.

Mais cette décision peut-elle être généralisée et étendue à tous les codébiteurs solidaires? Voilà ce que nous nous refusons à admettre pour les raisons indiquées ci-dessus.

29. — Il importe de relever la grave différence qui existe entre notre espèce et celle rapportée par la loi 4 *D. de his qui effund.* Les divers locataires d'une maison sont tenus *in solidum* du dommage causé par *aliquid dejectum.* L'action est donnée *in solidum in quemvis cum sane impossibile est scire quis dejecisset vel effudisset.* Dans l'espèce de la loi 30, l'auteur de la faute est connu, c'est le sous-curateur. Si le curateur en supporte

directement les conséquences, c'est qu'il est le chef préposé responsable, son sous-curateur n'est qu'un fonctionnaire subalterne.

Or, dans l'espèce rapportée par la loi 4 *D. de his qui effund.* le locataire contre qui l'action est dirigée, ne peut point prétendre avoir fait l'affaire d'un autre locataire, puisqu'on ignore qui s'est rendu coupable de la faute, il ne saurait donc ici être question de gestion d'affaires. Aussi la loi permet-elle à celui qui, en payant, a éteint la poursuite, d'agir contre les autres colocataires *societatis judicio vel utili actione.* Nous sous-entendons *quasi ex jure, cesso* dans les ystème de Vangerow on sous-entend *neg. gest.*

30. — Les codébiteurs solidaires n'étaient point d'ailleurs dépourvus de tout recours l'un à l'égard de l'autre. Il résulte de divers textes relatifs à des codébiteurs solidaires, que celui qui était poursuivi pouvait exiger la division des poursuites entre lui et les autres codébiteurs solvables, ou s'il était prêt à payer la dette entière, la cession des actions du créancier L. 1 § 10 à 14 *D. de tut. et rat.* — L. 45 *de adm. et per. tut D.* — L. 4 D. *de his qui effund.* — Ces divers textes font allusion à des actions utiles. Faut-il suppléer aux textes et dire qu'il s'agit d'actions utiles, de gestions d'affaires ? Nous avons rejeté cette supposition.

31 — En ce qui concerne les *correi promittendi*, il ne saurait être question de gestion d'affaires. Celui qui paye, exécute purement l'obligation dont il est tenu comme s'il était seul obligé. Nous savons qu'en dehors du cas où la correalité se combinait avec les rapports de société, les *correi debendi* ne jouissaient l'un à l'égard de l'autre d'aucun recours. La rigueur de cette règle avait été corrigée dans la pratique par le bénéfice de cession d'actions et par l'exercice des actions utiles comme si elles avaient été cédées. C'est aux actions utiles et non à la gestion d'affaires que fait allusion la loi 2 (*Cod. de duob. reis.*)

32. — Il faut avoir l'intention de gérer l'affaire d'un tiers mais rien ne s'oppose à ce qu'en faisant les affaires d'une personne on ait eu en vue l'intérêt d'une personne autre que le *dominus* de la chose gérée si celui en vue de qui on a géré avait un intérêt né et réel à la gestion. Je gère les affaires du pupille sans avoir reçu mandat du tuteur, mais dans le but de soustraire le tuteur négligent à *l'actio directa tutelæ.* — J'aurai *l'actio neg. gest.* non contre le pupille mais bien contre le tuteur. A l'égard du pupille, je n'aurai action qu'à concurrence de

son enrichissement. Voici un autre exemple : Si je prête une somme d'argent à votre mandataire par égard pour vous, pour payer une de vos créances ou pour retirer un objet par vous donné en gage, j'aurai *l'actio neg. gest.* contre vous, mais je n'aurai pas d'action contre votre mandataire qui a cependant contracté avec moi, parce que je n'ai point voulu l'obliger envers moi. L. 19, *de reb. cred. pr. D.* Au cas où j'aurais stipulé de votre mandataire le remboursement des écus, ce ne serait là qu'une sûreté de plus que j'aurais stipulée à mon projet : *ex abundanti hanc stipulationem interposui.* L. 6 pr. et § 1.

Je me propose de gérer les affaires de Titius, — vous-même, dans la pensée d'obliger Titius, vous me donnez mandat de gérer ses affaires. J'aurai l'action *mandati* contre vous et l'action de gestion d'affaires contre Titius. De même, ajoute Marcellus, si au moment de gérer l'affaire d'un tiers, quelqu'un s'oblige envers moi comme fidéjusseur du maître, j'aurai tout à la fois *l'actio ex stipulatu* contre le fidéjusseur et *l'actio neg. gest.* contre le maître. Le fidéjusseur pourra de son côté, après m'avoir désintéressé, exercer son recours contre le maître par *l'actio neg. gest.* à moins qu'il ne soit intervenu *animo donandi.* L. 3, § 11, h. t.

33. — Il se peut que la gestion entreprise dans l'intérêt d'une personne profite en même temps à une autre à raison des rapports existant entre ces deux personnes ; il faut alors examiner en considération de qui on a géré. Ainsi, lorsqu'on a géré la chose du fils ou de l'esclave, si on a agi en considération du père ou du maître, on a contre ces derniers *l'actio neg. gest.* Que décider si l'on n'a pas eu en vue l'intérêt du père ou du maître ?

Pomponius était d'avis de donner l'action utile de gestion de l'affaire contre le père ou le maître, *in id quod locupletior factus est, si nihil sit in peculio quoniam plus patri dominove debetur.* L'opinion générale était qu'on n'aurait que l'action de *peculio.* L. 6 § 6.

Nous trouvons l'application des mêmes principes dans une autre espèce.

Un tiers donne mandat à mon fils d'acheter un fonds. J'achète au lieu et place de mon fils. Me suis-je proposé d'être utile au mandant ? J'ai contre lui l'action de gestion d'affaires comme s'il n'y avait pas eu de mandat. Me suis-je proposé seulement d'accomplir l'obligation imposée à mon fils par l'acceptation du mandat ? Je peux exercer du chef de mon fils l'action *mandati contraria* contre le mandant. (L. 12 § 5.

D. mandati). En effet, si vous aviez donné mandat à Titius et si je l'avais exécuté à sa place pour lui rendre service, j'aurais contre lui l'action de gestion d'affaires et il aurait contre vous *l'actio mandati*. Telle est la décision rapportée sous la loi 46. h. t.

34. — Voici un cas où l'intention d'agir dans l'intérêt d'autrui résulte d'une présomption de la loi. En ce qui concerne la vente en masse des biens du débiteur, les créanciers présents ont l'action *mandati* contre le *curator bonorum* qui a détourné une partie de l'actif. Mais quelle est la situation des créanciers absents ? Ils n'ont aucune action contre le *curator*, à moins qu'il n'ait agi dans leur intérêt, mais ils ont contre les créanciers présents *l'actio neg. gest. utilis* parce que ces derniers sont censés avoir donné mandat aussi dans l'intérêt des absents. Enfin ils auront seulement une action *in factum* contre les créanciers présents si ces derniers ont pu croire qu'ils étaient seuls créanciers.

L'*actio neg. gest.* est donnée contre l'*executor* désigné par le préteur qui s'est rendu coupable de dol dans mon affaire. (L. 3, § 8. h. t.) L'*executor* est un *gestor necessarius*.

§ 5. — *Le gérant ne doit pas avoir agi* animo donandi.

35. — Les empereurs Sévère et Antonin décident que celui qui a rendu les services qu'on est en droit d'attendre d'un affranchi, ne peut pas intenter l'*actio neg. gest.* contre les filles mineures de son patron. (L. 5. C. h. t.) Il en est ainsi de celui qui par amitié ou par affection provoque la nomination d'un tuteur ou d'un curateur ou la destitution d'un tuteur suspect. (L. 1, C. h. t.)

La loi 13 au Code défend au mari de répéter de son beau-père les frais de maladie de sa femme, mais les frais funéraires, qui sont une charge de la succession, étaient supportés par le père *ad quem dos rediit*. (V. L. 16 de relig. et sumpt.) Les aliments fournis par les parents sont censés l'avoir été sans intention de les répéter. (L. 27, § 1, d. h. t. L. 11 et 15 C. h. t. et L. 50 D. *fam. erc.*) Il en est autrement si le motif d'affection vient à cesser. (L. 34, D. h. t.) On retombe sous l'application du principe, *nemo facile donare præsumitur*. Il en est ainsi notamment lorsque le motif d'affection se complique d'un autre motif et que l'intention de faire une libéralité n'apparaît pas clairement.

Tel est le cas où une aïeule a géré le patrimoine de son petit-fils et lui a fourni des aliments « *verisimile est de re ipsius nepotis eum aluisse* », c'est là une pure question d'intention.

Au reste ce n'est pas seulement en fournissant des aliments à quelqu'un qu'on peut être déterminé par une pensée de libéralité. Ainsi on suppose que pour marquer son affection à Sempronia quelqu'un s'oblige comme fidéjusseur et garantit les engagements contractés par la mère touchant la dot de sa fille. Le fidéjusseur mort, ses héritiers obligés de payer ne pourront exercer ni l'action *mandati* ni l'action *neg. gest.* parce que leur auteur s'est porté fidéjusseur. « *Quo magis conciliet animum domui ejus.* » Conférer. LL. 5. 10 pr. 27, § 1 et 44. D. h. t.

DEUXIÈME PARTIE

§ 1. — *Des personnes entre lesquelles peut se former le quasi-contrat de gestion d'affaires.*

36. — L'édit du préteur employait une formule très large « *si quis negotia aterius gesserit* ». Le principe général est que l'action de gestion d'affaires est donnée contre quiconque s'immisce dans les affaires d'autrui. Voyons si ce principe comporte quelque dérogation.

37. — *Les femmes.* — La prohibition édictée par le S. C. Velléien est étrangère à la gestion d'affaires. L'Édit s'exprime ainsi : « *nam et mulieres negotiorum gestorum agere posse et conveniri non dubitatur.* » L. 3 § 1 (1).

38. — *Les pupilles.* — Le pupille peut être obligé envers le gérant ; l'obligation du maître étant indépendante de son consentement. Seulement il n'est obligé pour toute la dépense que s'il s'agit de dépenses nécessaires ; pour les dépenses utiles, il n'est obligé qu'à concurrence de son enrichissement. Le gérant a commis une faute en se passant de l'intervention du tuteur. L. 37 pr. D. h. et L. et. C. h. t.

Quelle est la situation du pupille qui a géré l'affaire d'autrui sans l'*auctoritas* du tuteur ? La question est résolue par la loi 3 § 4 h. t. qui dit :

« *Pupillus sane si negotia gesserit post rescriptum divi Pii etiam conveniri potest in id quod factus est locupletior : agendo autem compensationem ejus quod gessit patitur.* Antérieurement à Antonin le Pieux la capacité de pupille était régie d'une manière générale par la règle que le pupille ne peut rendre sa condition pire sans l'*auctoritas* du tuteur. Antonin le Pieux consacra un

(1) Pour des motifs de convenance résultant des liens du mariage, l'action *negotiorum gestorum* est exercée au lieu du *crimen expilatœ hereditatis* par l'héritier du mari à l'encontre de la veuve qui a géré les affaires de son mari (L. 33 D. h. t.) *L'actio ad exhibendum* est donnée dans les mêmes circonstances et dans le même but. (L. 4. C. *Cr. expil. hered.*)

principe d'équité (L. 5 pr. *De auct. et cons. tut.* D.) La première partie du texte précité ne présente aucune difficulté, mais la dernière a donné lieu à des interprétations diverses, parce qu'elle paraît s'écarter des règles générales sur la capacité du pupille. La question de savoir si le pupille peut s'obliger naturellement par les contrats qu'il fait, est controversée. Par opposition aux lois 95 § 4. D. *de sol.*, 21 pr. *ad leg. Falc.* et 127 D. *de verb. oblig.* desquelles il résulte que le pupille peut s'obliger naturellement, d'autres lois L. 41 D. *de cond. indeb.* et 59 D. *de oblig.* décident le contraire. — Admettons qu'il puisse s'obliger naturellement, on ne saurait cependant concéder que son obligation lui soit opposée par compensation. M. Machelard (*oblig. natur.* p. 231) dit : « Il faudra une exécution émanant du débiteur et encore cette exécution devra-t-elle, pour être efficace, avoir été faite en état de capacité et avec l'agrément de ceux qui doivent suppléer à l'incapacité, tant qu'elle existe. »

D'autre part il résulte de la loi 28 pr. *de pactis* que le pacte *de non petendo* consenti par le pupille ne lui nuit jamais.

Cujas a supposé que ce texte était altéré et qu'il fallait lire *pupilli* au lieu de *pupillus*. Mais cette correction est aujourd'hui repoussée.

On peut dire en faveur de cette décision qu'on n'a aucune faute à reprocher à celui qui a le pupille pour obligé; si donc le pupille exerce contre le *dominus* l'action en remboursement de ses avances, il est juste qu'il subisse l'imputation de ce qu'il a retiré de la gestion.

39. — *Les mineurs de 25 ans.* — Si le mineur n'est pas pourvu d'un curateur, il est capable de s'obliger civilement, sauf la restitution *in integrum cognita causa.* — Seulement la *restitutio in integrum* ne pourra jamais être opposée au *dominus* dans les affaires duquel il s'est immiscé et auquel on ne peut pas reprocher d'avoir traité avec un mineur. Mais le bénéfice de la *restitutio* pourra être opposé aux tiers avec lesquels il aurait contracté à l'occasion de sa gestion. Ce bénéfice ne demeure point exclusivement attaché à sa personne, il peut être contraint de le céder au *dominus* qui intente contre lui *l'actio neg. gest. directa.*

S'il est pourvu d'un curateur, il peut, d'après Modestin, s'obliger par la stipulation sans son curateur (L. 101, *de Verb. oblig.*), mais il ne peut pas vendre L. 3. C. *de in integr. rest.* Il y a évidemment autonomie entre ces deux décisions. Selon M. Machelard, la décision de Modestin sur la stipulation se réfère à une époque où les conséquences de la curatelle générale introduite par la constitution de Marc Aurèle n'avaient pas encore atteint leur développement légitime. (Machelard, *Oblig. natur.*, p. 263.).

En se plaçant à un autre point de vue, on peut dire que Modestin constate la validité de l'acte d'après le droit civil, tandis que Dioclétien et Maximien (L. 3, C. *de in integr. rest.*), indiquant une solution au point de vue pratique, constatent comme résultat final une nullité qui au fond ne vient que du droit prétorien ; l'acte, valable au point de vue du droit civil, se trouve invalidé par l'*in integrum restitutio.*

L'action neg. gest. était donnée contre le furiosus.

40. — L'absent prisonnier chez l'ennemi est valablement obligé envers le gérant s'il revient, à raison de la fiction du *jus postliminii.* S'il ne revient pas, le gérant est censé avoir géré le patrimoine compris dans une succession vacante. Il a géré l'affaire de l'hérédité être moral, et non l'affaire de l'héritier. Cette observation présente de l'intérêt lorsque l'héritier est un pupille. On n'envisage point sa personne. Les indemnités dues au gérant d'affaires sont à la charge de l'héritier *cum cæteris hereditariis oneribus,* (L. 21, § 1, h. t.)

41. — Nous passons à la classe des personnes *alieni juris.* — L'action de gestion d'affaires n'appartient point au fils de famille contre son père ni à l'esclave contre son maître parce que le fils de famille et l'esclave n'ont point de personnalité distincte de celle du père ou du maître et que la première condition requise pour la gestion d'affaires fait ici défaut. Il en est autrement si le rapport de puissance n'existait pas. Un homme libre ou affranchi se croyant esclave gère ma propre chose *quasi servus meus,* par l'application de la règle : *magis est in veritate quam in opinione,* on lui donne contre moi l'*actio neg. gest.* (L. 6 § 5.)

Un homme libre se croyant mon esclave a employé à la gestion de mes affaires une somme d'argent qu'il a empruntée à dessein. Il a fait la chose *non quasi amici sed quasi domini.* On n'hésite pas cependant à lui donner *l'actio neg. gest.* (L. 36 h. t.)

42. — L'esclave une fois affranchi devient capable de s'obliger civilement. Il y a une séparation profonde entre l'esclavage et la liberté ; l'affranchi n'est point tenu à raison des actes accomplis *in servitute* « *Eum actum quem quis in servitute egit manumissus non cogitur reddere* (L. 17 et L. 45, § 1 h. t.). Cette règle comporte cependant une exception pour le cas où la gestion entreprise par l'esclave est poursuivie par l'affranchi « *Si quid connexum fuit, ut separari ratio ejus quod in*

servitute gestum est, ab eo quod in libertate gessit, non possit,
constat venire in judicium vel mandati nel negotiorum gestorum et
quod in servitute gestum est. »

43. — En dehors de cette dérogation, les Proculéiens proposaient de contraindre l'affranchi à rendre compte de la gestion entreprise *in servitute*, lorsque le pécule lui avait été concédé au moment de l'affranchissement. Les Sabiniens repoussaient cette proposition. Cette théorie était basée sur l'assimilation de l'esclave affranchi au *gestor* tenu envers le *dominus* d'une obligation susceptible de s'éteindre *tempore*. L'homme libre était en faute pour ne pas avoir pris soin des intérêts du maître, parce qu'il aurait pu exercer l'action civile avant que le délai fût expiré. Mais que pouvait-on reprocher à l'affranchi tenu d'une simple obligation naturelle et qui ne pouvait pas exercer d'action? Cette assimilation était donc inexacte et ne pouvait servir de fondement à la théorie proposée. Mais les Proculéiens disaient, celui qui a commencé à gérer *in servitute* doit, comme un gérant quelconque, débiteur du *dominus exiger de lui-même.* Il peut donc être déclaré responsable de tout le préjudice que le maître a souffert de sa négligence « *quia bonam fidem prœstare debet.* » Or l'affranchi aurait dû prélever les sommes dont il peut être débiteur à raison de sa gestion sur le pécule qui lui a été concédé à concurrence de l'actif du pécule. A ce raisonnement les Sabiniens répondaient : Si l'on assimile l'affranchi au gérant débiteur du maître, pourquoi apporter une restriction tenant à la concession du pécule, quel effet cette circonstance peut-elle exercer sur l'obligation de l'affranchi? L'esclave gérant était obligé naturellement, il devrait donc, après son affranchissement, employer à se libérer vis-à-vis du *dominus* non seulement le pécule concédé mais aussi les biens qu'il aurait pu acquérir dans la suite. Telle doit être la conséquence du principe posé par les Proculéiens en dehors de toute distinction.

Mais alors que devient la règle : « *Quod quis in servitute egit eum post libertatem non teneri?*

C'est ainsi que les Sabiniens repoussaient le système des Proculéiens. Scevola ajoute que l'affranchi doit être exonéré même de toute poursuite en dommages et intérêts résultant d'un dol commis *in servitute.* (L. 19, § 1.)

44. — Lorsque le fils de famille est sorti de la puissance paternelle, la gestion d'affaires peut se former entre lui et son père. L'action de gestion d'affaires est donnée au fils de famille émancipé contre son père qui administre les biens dont il l'a

gratifié, L. 37 § 2 D. h. t. L. 32 § 1 et L. 12 D. h. t.
Quelle est la situation du fils de famille ou de l'esclave qui
ont géré les affaires d'un tiers? Ils ne sont point soumis à
l'actio neg. gest. directa, le *dominus* pourrait seulement exercer
contre le père ou le maître l'action *de peculio* ou *de in rem
verso* sans préjudice des actions *quod jussu exercitoria* ou *insti-
toria,* si le fils ou l'esclave avaient entrepris la gestion sur
l'ordre du maître.

Plaçons-nous au moment où le fils de famille et l'esclave
sont sortis de puissance pour apprécier le caractère des engagements résultant, pour chacun d'eux, d'une gestion entreprise
alors qu'il était en puissance. L'esclave s'oblige naturellement,
L. 14 *de oblig ;* le fils de famille, lui, s'oblige civilement, seulement son obligation est inefficace tant qu'il est en puissance. A la dissolution de la puissance, le fils de famille
pourra être poursuivi sur ses biens pour l'exécution des engagements antérieurs. (L. 38 § 2 et 3 *D. pro socio.*) L'esclave,
lui, ne peut point être poursuivi pour ses engagements contractés *in servitute.* Tout au plus pourrait-on lui opposer la
compensation dans le cas où il a gardé son pécule et seulement à concurrence de la valeur du pécule au jour de l'affranchissement.

§ 2 Obligations résultant de la gestion d'affaires.

45. — L'étendue des obligations du gérant d'affaires est
déterminée par les premiers actes de la gestion, Qu'a-t-il entrepris pour le compte du *dominus ?* S'agit-il d'une seule affaire
ou de la gestion d'un patrimoine? Il doit achever ce qu'il a
entrepris.

Le gérant libre de restreindre sa gestion à certaines affaires,
pourrait cependant être considéré comme étant en faute si son
immixtion dans quelques affaires avait eu pour effet d'écarter
d'autres personnes disposées à gérer tout le patrimoine. (L. 6
§ 12.)

Les obligations du gérant d'affaires se résument de la
manière suivante :

1° Gérer en bon père de famille ;

2° Rendre compte de sa gestion.

La première obligation est complexe. Elle consiste à bien
gérer et aussi à ne pas abandonner mal à propos la gestion
entreprise. (L. 22 § 11. D. mand.)

46. — *Le gérant doit administrer en bon père de famille.* Il
répond de la *culpa levis in abstracto.* Tel est le principe rigoureux d'après lequel s'apprécie la gestion. A ce point de vue

le *negotiorum gestor* fut longtemps traité plus rigoureusement que le mandataire. Mais cette responsabilité sévère ne pèse que sur le *negotiorum gestor* qui s'est spontanément immiscé dans les affaires d'autrui en dehors d'une pressante nécessité.

Dans ce dernier cas le gérant ne répond que de son dol et de la faute lourde. (Labeon L. 3 § g. D. h. t.) D'autre part le gérant répond même des cas fortuits lorsqu'il a géré les affaires du pupille, contre qui il n'a de recours que *in id quod locupletior factus est* (L. 6 p.), à moins qu'il n'ait fait pour le pupille des dépenses absolument nécessaires.

Le gérant répond des cas fortuits aux termes de la loi 11 h. t. lorsqu'il entreprend quelque acte que le maître n'a point l'habitude de faire. Il faudrait également le déclarer responsable des cas fortuits lorsque la gestion a été entreprise *animo deprœdandi;* (L 6 § S D. h. t.) Enfin il peut être tenu des cas fortuits par convention (L. 22 C. h. t.) ajoutons et par la mise en demeure.

47. — *Le gestor* qui est débiteur du maître doit payer entre ses mains le montant de la dette et en faire emploi. On le déclare, en conséquence, tenu des intérêts à partir de l'échéance de la dette alors même que la créance n'était pas productive d'intérêts (L 19 § 4. — L 31 § 3. h. t. L 14 C. de *usuris*), mais il ne doit que les intérêts ordinaires « *non maximœ usurœ* ». Scevola fait une distinction. Il ne devra les intérêts que si le maître avait l'habitude de faire le placement d'une telle somme. (L 13 § 1 de *usuris*).

En principe le gérant ne doit les intérêts des sommes qu'il reçoit pour le *dominus* que sous cette réserve : « *ejus scilicet pecuniœ quœ purgatis sumptibus necessariis superest* ». (L 31 § 3). d'après la loi 3, § 3, le *gestor* débiteur du *dominus* n'est point tenu de se libérer entre ses propres mains, s'il est riche et si la créance est productive d'intérêts. (L 35 § 3. h. t.)

48. — L'obligation imposée au gérant de se libérer des dettes dont il est tenu vis-à-vis du *dominus* est sanctionnée par d'autres conséquences que l'obligation de payer les intérêts, au cas où le divorce étant opéré, le mari continue cependant à gérer les biens de sa femme. La dot pourra être réclamée par l'action *rei uxoriœ* ou par l'action *negotiorum gestorum*, mais cette dernière action ne sera donnée contre le mari que s'il a pu se libérer au cours de sa gestion. Le mari ne pourra pas se prévaloir « *quod a se non exegerit* » ; si le mari n'a pas été, pendant sa gestion, en état de rendre la dot, la femme ne peut pas intenter efficacement l'*actio neg. gest.*, mais si,

ayant pu se libérer, il ne l'a pas fait et s'il vient ensuite à perdre son patrimoine, *l'actio neg. gest.*, sera donnée contre lui, *in solidum* « *plena erit neg. gest. actio* », tandis que l'action *rei uxoriæ* n'aboutirait qu'à une condamnation *in quantum facere potest*. Mais, dans le cas où le mari aurait pu se libérer et où il y aurait lieu à l'exercice de l'action *neg. gest.*, cette action ne devrait être donnée contre lui que *in quantum facere potuit*, s'il ne s'est point rendu coupable d'une faute d'administration « *quod a se non exegerit* », comme par exemple, s'il n'a point tout de suite converti ses biens en argent pour payer la dette (il faut évidemment lui laisser un délai moral à l'expiration duquel seulement il pourra être considéré comme étant en faute). Si sa ruine arrive pendant ce délai, il ne devra pas être tenu *in solidum* (*non plena erit neg. gest. actio*), elle sera seulement donnée contre lui *in quantum facere potuit*. S'il est en état de payer, on aura intérêt à intenter contre lui *l'actio neg. gest.* « *quia forte periculum est ne facere desinat* ». Nous voyons que même dans le cas où *l'actio neg. gest.* n'est pas donnée *in solidum*, elle est encore plus avantageuse pour la femme que l'action *rei uxoriæ*. Poursuivi par cette dernière action, le mari à raison du bénéfice de compétence, ne pourra être condamné qu'à *in id quod facere potest*, c'est-à-dire que sa solvabilité s'appréciera au moment de la condamnation, au lieu qu'elle s'apprécie au moment de la *litis contestatio* dans le cas particulier où *l'actio neg. gest.* est donnée contre le mari *in quantum facere potuit*. Lorsqu'il aura commis une faute d'administration consistant à ne pas se libérer alors qu'il l'a pu et qu'il a eu le temps de le faire, le mari, nous l'avons dit, sera poursuivi *in solidum* par *l'actio neg. gest.*

49. — Cette solution paraît contredite par un texte de Modestin (L. 20, D. *de re. jud.* 42. I) duquel il résulte que le bénéfice de compétence fut, par une constitution d'Antonin le Pieux, accordé au mari dans toutes les actions contractuelles intentées par la femme à raison de contrats faits pendant le mariage. Scevola connaissait certainement la constitution d'Antonin le Pieux, mais la décision de Scevola s'explique par cette considération que le mari divorcé qui gère les biens de sa femme sera poursuivi, non comme mari, mais comme *negotiorum gestor*. La femme n'est plus soumise à la *reverentia maritalis* sur laquelle est basé le bénéfice de compétence.

50. — Envisageons l'hypothèse inverse, c'est-à-dire le cas où le gérant est créancier du maître. Le maître peut avoir intérêt à ce que la dette soit acquittée, si par exemple elle est

productive d'intérêts, si le *gestor* garde une certaine somme d'argent appartenant au *dominus* et si cette somme vient à périr il sera responsable du défaut d'emploi à moins qu'il n'ait eu un juste motif de réserver cette somme, comme si elle est destinée au payement des impôts pour éviter que les biens ne soient attribués au fisc, ou bien s'il s'agit de faire face à une peine stipulée dans un contrat *trajectitiæ pecuniæ* pour éviter qu'elle ne soit augmentée par suite du retard du paiement ou bien encore si c'est pour éviter au maître d'être condamné à la peine stipulée dans un compromis. (L. 13 t. h.)

Si le gérant créancier du maître détient un objet qui lui a été remis en gage pour sûreté de sa créance, il n'est pas obligé de se dessaisir du gage tant que sa créance subsiste, c'est-à-dire tant qu'il ne trouve pas dans le patrimoine qu'il gère *quod sibi possit exsolvere*.

De même si le *dominus* avait à exercer contre le gérant une action redhibitoire qui s'éteint par le délai de six mois, on ne pourrait rien reprocher au gérant s'il n'a pas trouvé dans le patrimoine qu'il gère, soit l'esclave ou ce que cet esclave avait recueilli à titre de succession, ou ce qu'il avait acquis autrement que *ex re emptoris, aut si deterior homo factus est,* c'est-à-dire si le patrimoine du *dominus* ne comprenait pas objets ou valeurs qui devaient être restitués en ce moment.

51. — Examinons maintenant l'hypothèse où le gérant aurait usucapé contre le maître. Pendant mon absence vous gérez mes affaires, vous achetez imprudemment d'un tiers une chose qui m'appartient. Ignorant cette circonstance, vous usucapez. Vous n'êtes pas tenu de me rendre la chose que vous avez usucapée, mais si, avant que vous ayez usucapé cette chose, vous découvrez qu'elle m'appartient, vous devez alors faire intervenir un tiers qui revendiquera la chose en mon nom. A la suite de l'éviction que vous aurez ainsi fait prononcer vous pourrez agir contre votre vendeur par l'action *ex stipulatu duplex*. Le texte ajoute pour répondre à une objection qu'il prévoit, *nec videris dolum malum facere in hac subjectione, ideo etenim hoc facere debes ne actione neg. gest. tenearis.*

52. — En principe, la mort du maître ne met pas fin à la gestion, le gérant demeure tenu de continuer à gérer sous la réserve de ne rien entreprendre de nouveau. (L. 21 § 2, h. t.).

Nous savons que la mort du mandant met fin au mandat; si l'obligation primitive contractée par le *neg. gestor* était de celles qui s'éteignent *morte vel tempore*, son obligation passe cependant à ses héritiers qui en seront tenus comme il l'était lui-même, *actio negotiorum gestorun heredi et in heredem competit.* (L. 3. D. h, t. L. 12 pr. et § 1) On peut citer comme exemple le cas où le gérant se serait porté fidéjusseur d'un débiteur du maître avec cette condition que son obligation ne passerait pas à ses héritiers. (L. 8. pr. et L. 19. pr. h. t. D.) Ils seront cependant tenus par *l'actio neg. gest. directa.*

53. — Le gérant d'affaires n'a point qualité pour agir en justice au nom du *dominus.* C'est pourquoi il n'est point responsable de l'insolvabilité des débiteurs du *dominus* survenue pendant sa gestion. «*Quoniam conveniendi eos judicio facultatem non habuit qui nullam actionem intendere potuit.* » (L. 6, §12. D. h. t.) Si cependant le gérant était de la classe des personnes de qu on n'exige pas la production d'un mandat donné pour agir en justice (L. 35, pr. *de procur. et defens*), on pourrait reprocher au gérant de n'avoir pas exercé les actions du *dominus,* en fournissant la caution de *rato,* si toutefois il est établi qu'il aurait pu facilement la fournir. (L. 8, pr. D. h. t.)

Celui qui se présente en justice pour défendre un am absent peut être considéré comme étant en faute, s'il n'a pas interjeté appel alors qu'il le pouvait. Il en est autrement de celui qui se présente en justice pour faire excuser l'absence de l'adversaire *(frustrator),* avec qui le procès est engagé. Celui-là n'est pas tenu d'interjeter appel de la sentence rendue contre l'absent. (L. 31, § 2, h. t.)

54. — *Le gérant doit rendre compte de sa gestion.*

Le gérant doit restituer au maître tout ce qu'il a reçu à l'occasion de la gestion de son patrimoine, et même les choses qu'il a reçues indûment, c'est-à-dire qui n'étaient pas dues au *dominus* (L. 8, § 1. D. h.) Il doit céder au maître les droits et actions qu'il a acquis comme *negotiorum gestor* (L. 26, § 5.)

Celui qui a donné mandat à un tiers de gérer mes affaires, doit me céder, en raison de *l'actio neg. gest.* dont il est tenu envers moi, l'action qu'il a contre celui qu'il s'est substitué, c'est-à-dire *l'actio mandati directa;* il doit, en outre, m'indemniser du dommage résultant du mauvais choix qu'il a fait, dommage qui lui est imputable en vertu du principe *qui mandat ipse fecisse videtur.*

S'il a acquis un droit de propriété, le gérant doit livrer ou manciper la chose acquise (L. 8, § 10, D. *mandati*), et s'il a fait naître une créance, il doit céder ses actions.

Si le gérant a prêté à intérêt de l'argent appartenant au *dominus*, il a pu convenir par un pacte joint que le débiteur se libérera entre les mains du *dominus* (L. 126, § 2 du *verb. oblig.*) Mais s'il s'est en outre fait consentir un gage ou une hypothèque, l'action servienne n'appartiendra point au *dominus*, du moins jusqu'à Justinien (L. 2, C. *per quas pers.*, IV, 27). D'ailleurs, le *dominus* peut ne point ratifier ce placement s'il préfère se contenter de l'*actio neg. gest.*, qu'il a contre le gérant pour le forcer à lui restituer la somme. (L. 2, C. 4, *si cert. pet.* IV, 2). Le *dominus* peut également exercer contre les tiers les actions utiles de dépôt ou de commodat (L, 8, C. *ad exhib.*).

Si, à l'insu de sa sœur dont il gérait les affaires, le frère a stipulé du mari la restitution de la dot, il peut être contraint par sa sœur exerçant contre lui l'*actio neg. gest.*, de libérer le mari. (L. 48, D. h. p.) Le frère a pu stipuler pour sa sœur à cause du motif d'affection.

55. — Les obligations du gérant sont sanctionnées par l'*actio neg. gest. directa* qui est donnée au *dominus* ou à celui que la gestion intéresse (L. 28. h. t.) contre le gérant.

Cette action a pour objet de contraindre le gérant à rendre compte de sa gestion et de faire prononcer contre lui des condamnations résultant des causes suivantes : « *Quidquid vel non ut oportuit gessit vel ex his negotiis retinet* » L. 2. D. h. t. Il peut également être condamné « *propter ea quæ non gessit.* (L. 6, 12, h. t.) « *si alter gessisset* ».

56. — Le *gestor* doit restituer tout ce qu'il a reçu pour le compte du *dominus*, aussi bien les fruits qu'il a perçus en trop (L. 8, § 1, D. h. t.) que les sommes versées sans être dues (L. 23. D. h. t.), et cela parce que la répétition ne sera point plus tard dirigée contre lui-même, à l'égard de qui il n'y a pas eu d'erreur, mais bien contre le faux créancier, c'est-à-dire le *dominus*.

Disons cependant que si le *dominus* ne ratifie pas le payement, même si la somme versée au *gestor* lui était due, elle pourra être répétée contre le *gestor*, non pas « *quasi indebitum* » mais « *quasi ob rem datum, nec res secuta sit* — (c'est-à-dire la libération) — « *ratihabitione non intercedente* (L. 14. *Cond. causa data.* D.)

Le gérant d'affaires répond de la validité des créances qu'il a fait naître « *nominum quæ ipse contraxit* », mais non de la perte de ces créances par cas fortuit. (L. 37 D. h. t.) Nous avons vu que le gérant doit compte des intérêts des sommes reçues et aussi de celles « *quas percipere potuit.* » (L. 19 et 4, D. h. t.)

57. — Il n'y a pas solidarité entre plusieurs cogérants qui se sont divisé l'administration d'un patrimoine. Cela résulte implicitement de la loi 26, h. t. Il en serait autrement en cas de quasi-délit indivisible comme s'il était impossible de déterminer la part de chacun d'eux dans la gestion.

§ 3 Des obligations du *dominus* et de *l'actio neg. gest. contraria.*

58. — Les obligations du *dominus* sont analogues à celles du mandant; comme le mandant, le *dominus* qui retire un avantage de la gestion doit indemniser celui qui a créé cet avantage. La gestion d'affaire consiste à rendre un service gratuit mais le gérant doit nécessairement rentrer dans ses débours. Si le mandataire a fait quelque dépense dans l'intérêt du mandant il peut se faire indemniser de cette dépense alors même que le mandat aurait été donné inconsidérément et que l'accomplissement du mandat n'aurait point tourné à l'avantage du mandant. Le *negotiorum gestor* ne peut se faire indemniser de ses dépenses que s'il a fait quelque chose d'utile; *is qui utiliter gessit negotia habet obligatum dominum negotiorum.* Le *negotiorum gestor* doit aussi être indemnisé des engagements contractés dans l'intérêt du *dominus.* On n'exige pas que les dépenses soient des dépenses nécessaires. Cela n'est exigé que si le *dominus negotiorum* est un pupille. (L. 47. de sol.) Pour pouvoir exercer contre le pupille *l'actio neg. gest.* contraria avec toute son efficacité, il suffit en principe que la gestion ait pu être jugée utile; il n'est pas nécessaire que l'utilité de la gestion subsiste encore au moment où la gestion prend fin et où le gérant se retourne vers le maître. Mais hâtons-nous de dire que le gérant n'est point juge de l'utilité de sa gestion. Il ne suffirait pas qu'il eût cru que cette chose était utile, si en réalité le maître ne l'aurait point faite parce qu'il entendait autrement son intérêt. La gestion d'affaires, nous l'avons dit, est basée sur une présomption de mandat. Il faudra pour juger de l'utilité de l'affaire apprécier si le maître eût donné mandat de faire. A cet effet, le gérant devra en s'immisçant dans le patrimoine d'un tiers s'inspirer des règles d'administration suivies par le *dominus* et y conformer sa gestion. Ainsi, si le *gestor* restaure une maison en ruines que le maître avait abandonnée, il ne pourra point contraindre le maître à lui tenir compte d'une dépense onéreuse qu'il n'aurait point faite. (L. 10. D. h. t)

Mais dès que l'avantage d'une opération est acquis au patrimoine du *dominus*, la créance du *negotiorum gestor* est née et si l'utilité vient à disparaître, la perte de l'avantage créé est sans influence sur l'existence du droit de créance du *gestor*, à moins cependant que la perte de l'avantage ne soit imputable au *gestor* (L. 22 D. h. t.).

Nous disons : le *dominus* est seul juge de l'utilité de la dépense au point de vue du genre de dépense et aussi au point de vue du *quantum* de la dépense. Ce n'est point faire une chose utile que de faire quelque chose hors de proportion avec les facultés du *dominus*. L'obligation du *dominus* est restreinte à ce qui dans la dépense faite s'applique à l'utilité ; ce qui excède tombe dans la classe des dépenses voluptuaires pour lesquelles le *gestor* ne peut avoir aucun recours contre le *dominus* (L. 27 h. t. — L. 31, § 4 h. t.).

59. — Nous nous sommes prononcés sur l'étendue du recours exercé par le *gestor* contre le *dominus*. Le principe posé ci-dessus comporte une dérogation en ce qui concerne le pupille.

Voici à ce sujet la règle posée dans la loi 37 D. h. t. *Litis contestatæ tempore quæri solet, an pupillus locupletior sit ex ea re factus cujus patitur actionem.* Le pupille n'est tenu que *in quantum locupletior factus est.* C'est pourquoi l'utilité de la gestion s'apprécie ici, non au moment où l'utilité a été créée, mais au moment de la *litis contestatio.* Cujas critique cette décision, mais il nous paraît difficile d'en faire aussi bon marché qu'il le propose au mépris des textes les plus affirmatifs. Il en est autrement des dépenses nécessaires faites pour le pupille (L. 47 D. de sol.). Cette décision ne contredit par le principe que le pupille n'est tenu que *in quantum locupletior factus est.* Quand il s'agit d'une dépense nécessaire, le texte traduit ainsi le résultat « *hoc ipso quo non est pauperior factus, locupletior est* ». Une chose était nécessaire, le tuteur devait faire la dépense. Un autre fait cette dépense pour lui. Le pupille s'est enrichi du prix de cette chose. Il est juste pour rétablir l'équilibre qu'il tienne compte à celui qui a fait la dépense des avances par lui faites sans qu'on ait à distinguer si la chose a péri, car la perte de la chose ne peut pas être mise au compte de celui qui a fait la dépense, comme si la dépense n'était pas nécessaire.

60. — En ce qui concerne les obligations du *dominus*, notamment quand il s'agit d'un pupille, c'est le commencement de la gestion qu'il faut considérer. Paul propose une distinction d'après laquelle les affaires gérées pour le pupille doivent être envisagées d'une manière distincte selon que le gérant a eu ou n'a pas eu connaissance du changement d'état ou s'il a agi *alio animo* (L. 15 D. h. t.).

61. — La loi 2 h. t. formule ainsi les obligations du *dominus* à l'égard du gérant. Il doit l'indemniser « *quidquid utiliter in rem ejus impenderit, vel etiamsi se in rem absentis alicui obligaverit* ». Ce qui est ainsi résumé par la même loi « *quidquid eo nomine vel abest ei (gestori) vel abfuturum est.* »

En principe le juge de l'action *directa* doit établir le compte des indemnités dues au gérant et décharger d'autant sa dette à l'égard du *dominus*, « *si quocumque modo ratio compensationis habita non est a judice, potest contrario judicio agi* ».

Le *gestor* n'a aucune action pour le remboursement des dépenses voluptuaires (L. 27); même pour les dépenses nécessaires ou utiles, il ne peut réclamer que ce qui représente le coût exact de la chose, tant pis pour lui s'il a payé trop cher ou s'il a trop dépensé (L. 25 D. h. t.). *A fortiori* ne peut-il point réclamer une somme qu'il aurait payée indûment pour le compte du *dominus* (L. 23 D. h. t.) c'est sa faute, « *sibi imputari debet.* ».

Les sommes avancées par le gérant d'affaires, lorsque l'affaire a été utilement gérée, sont productives d'intérêts. (L. 19, § 4. D. h. t.)

62. — En ce qui touche les obligations contractées par le gérant, le maître doit se substituer au gérant vis-à-vis des créanciers, mais il peut aussi se borner à promettre de venir défendre le gérant en justice et de désintéresser à ce moment les créanciers. (L. 45. *De mand.*)

En principe, ceux qui sont devenus créanciers du gérant à l'occasion de sa gestion n'ont action que contre le gérant et point contre le maître.

Les actions institoires et exercitoires avaient été étendues au mandat, mais il ne saurait être question de les étendre également à la gestion d'affaires: Nous trouvons cependant un texte (L. 31 pr.) duquel il résulte que l'action *neg. gest.* était donnée *ad exemplum institoriæ actionis* à celui qui avait prêté de l'argent à un mandataire chargé d'emprunter et au fidéjusseur qui avait accédé à l'obligation contractée par le mandataire. Il est à remarquer que le tiers devenu créancier avait, en prêtant de l'argent au mandataire chargé d'emprunter, joué le rôle d'un gérant d'affaires ; mais on lui donne action contre le mandant *ad exemplum institoriæ actionis*, parce que l'auteur de l'acte juridique, c'est-à-dire celui qui avait contracté l'emprunt était un mandataire. Il en serait autrement si celui qui avait emprunté n'eût été qu'un gérant d'affaires. La même action est donnée au fidéjusseur qui a cautionné la dette contre le mandant. On ne dit pas que le *procurator* ait été chargé de faire intervenir un fidéjusseur, mais le mandat d'emprunter implique l'ordre de faire intervenir un fidéjusseur si le prêteur l'exige, et par suite le mandataire a pu valablement obliger le mandant envers le fidéjusseur. Voir L. 10, § 5. D. *Mandati vel contra*.

Il s'agit pour le créancier comme pour le fidéjusseur de l'action *negotiorum gestorum* dans notre texte de la loi 31 pr. Cette désignation est plus exacte en ce qui touche le fidéjusseur que le créancier, car ce dernier avait l'action née du contrat.

L'action de gestion d'affaires *ad exemplum institoriæ actionis* sera donnée contre le mandant, alors même que la somme empruntée n'a point tourné au profit du mandant.

En dehors du cas spécial où un rapport de mandat existait entre le *dominus* et l'auteur de l'acte juridique passé avec des tiers, ces derniers n'avaient, à raison des actes passés avec un gérant d'affaires, que l'action de *in rem verso* contre le *dominus*. Cela résulte de la loi 7 (*Quod cum eo* l.) (1). Nous supposons pour cela que le tiers a connu la qualité de gérant d'affaires en vertu de laquelle agissait celui qui s'est obligé. L'action de *in rem verso* sera plus ou moins étendue selon que le maître a ratifié ou n'a pas ratifié l'acte du gérant.

S'il y a ratification l'action de *in rem verso* est donnée *in solidum* comme si l'acte fait spontanément avait été ordonné.

S'il n'y a pas ratification, le tiers, en agissant, doit prouver l'utilité de la gestion. Toutefois si l'entreprise avait un caractère d'utilité, si le gérant a commis une faute dans l'accomplissement de l'acte, le tiers doit réparation de la faute. Dans ce cas, le *dominus* fera diminuer *l'in rem versum* du montant du dommage résultant de sa faute. Au contraire, s'il s'agissait d'un mandat, la faute du mandataire ne nuirait pas au tiers. Au surplus, il y a lieu d'envisager l'avantage qui est résulté pour le maître, de l'opération faite par le gérant au moment où elle a été réalisée et non seulement ce qui subsiste au jour de la *litis-contestatio*. Cela résulte nettement de la loi 3 § 7, (*de in rem verso. D*) C'est à tort qu'on propose de rattacher l'action de *in rem verso* à l'idée d'un enrichissement sans cause donnant lieu à une *condictio sine causa*. L'action de *in rem verso* doit être rattachée à l'*actio neg. gest. contraria* de laquelle

(1) On peut conclure de ce texte, de date relativement récente, que ce n'est que par un développement tardif que ce progrès se réalisa, et que les tiers durent d'abord n'avoir aucune voie de recours contre le *dominus* à raison des actes passés avec un gérant d'affaires.

elle se rapproche le plus au point de vue des effets qu'elle produit.

D'après la loi 43 h. t., celui qui avait entrepris la gestion sur un simple avertissement de l'esclave, avait contre le maître l'action de gestion d'affaires. Mais, s'il s'était déterminé à raison du mandat donné par l'esclave, il pouvait agir *de peculio* ou de *in rem verso*.

TROISIÈME PARTIE

De la Ratification par le Dominus *des actes du gérant d'affaires.*

63. — La gestion d'affaires repose sur une présomption de mandat. Nous avons vu que cette présomption peut être anéantie par la manifestation d'une volonté contraire ou être définitivement acquise d'une manière incontestable par la ratification émanée du *dominus*.

La ratification est l'approbation donnée après coup par le maître à ce que le *negotiorum gestor* a fait pour son compte. Elle peut être expresse ou tacite, aucune forme n'est exigée pour sa validité ; d'autre part le gérant d'affaires demeure étranger à cet acte purement unilatéral. Aussi, sa capacité n'exerce-t-elle aucune influence sur la validité de la ratification.

Lorsque toutes les conditions requises pour la gestion d'affaires se rencontrent, la ratification ne fait que fixer d'une manière certaine les obligations du *dominus* à l'égard du gérant, dès lors le maître ne peut plus critiquer l'utilité de la gestion, il demeure en outre obligé par tous les actes passés par le gérant (L. 9. D. h. t.), alors même que le gérant est sorti du cercle des actes d'administration. Ainsi lorsqu'un co-héritier a vendu la chose commune, son co-héritier, s'il ratifie la vente, peut réclamer sa part du prix par l'*actio neg. gest.* (L. 19. C. h. t.) (1).

64. — La ratification présente un autre intérêt dans le cas où la gestion d'affaires ne remplit pas toutes les conditions

(1) Lorsque le gérant a fait quelque chose d'insolite, le maître doit ratifier l'ensemble de la gestion ou s'abstenir. Il ne peut pas ratifier ce qu'il y a d'avantageux et désapprouver ce qui ne l'est pas. « *Pensare lucrum cum damno debet.* » L. 11. h. t.

requises par la loi. Ici la ratification vivifie le germe d'un droit qui ne pourrait pas se produire sans elle (1).

Voici un exemple rapporté par la loi 6, § 9, D. h. t. En tant que gérant mes affaires vous réclamez extrajudiciairement à Titius qui s'est faussement persuadé être mon débiteur, le paiement de sa prétendue dette. Puis-je, à l'occasion du recouvrement de cette fausse créance, être tenu envers vous par l'*actio reg. gest. cont.* ? Pomponius répond « *Dubitari posse quia nullum negotium tuum gestum est cum debitor tuus non fuerit* »; mais tout change, si vous ratifiez ce que j'ai fait, « *ratihabitio constituet tuum negotium quod ab initio tuum non erat.* » Celui qui a payé indûment exercera contre moi, *dominus*, la répétition de l'indû et j'aurai de ce chef action contre mon *negotiorum gestor*. (L. 80, § 5, D. *de Furtis*.) Autre exemple. Vous croyant héritier de *Titius*, j'ai exigé le remboursement d'une créance héréditaire. Or l'hérédité était échue à Seius et non à vous. Mais si vous ratifiez ce que j'ai fait, bien que j'aie fait en réalité une affaire qui vous était étrangère, « *ratihabitio hoc conciliat*, » et il y aura lieu à l'exercice des actions *neg. gest.* entre nous. Ainsi la ratification s'applique même aux actes étrangers à notre patrimoine, avec une réserve cependant, il faut que le bénéfice de la gestion ne soit pas d'ores et déjà acquis à un tiers. Vous croyant appelé à recueillir la succession de Titius, je répare une construction comprise dans l'hérédité, mais la succession n'est pas ouverte. Titius vivrait encore, il profite des avantages de ma gestion; ce que j'ai fait est devenu sien *re ipsa et ipso gestu*. La ratification ne peut avoir ici aucun effet (L. 6, § 11. D. h. t.).

65. — Les effets de la ratification sont formulés par l'adage « *ratihabitio mandato œquiparatur* (L. 12, § 4, D. *de sol*.) Est-ce à dire que les actions attachées au mandat doivent prendre la place des actions issues de la gestion d'affaires? Cette question est vivement controversée. L'opinion qui soutient qu'après la ratification les actions de la gestion d'affaires font place aux actions nées du mandat s'appuie sur deux textes d'Ulpien, L. 60, L. *reg. jur.* et L. 12, § 4, D. *de sol.*, et sur une décision de Pomponius, laquelle est d'ailleurs combattue par Scevola qui la rapporte sous la Loi 9, h, t, (2).

---

(1) Le maître ne peut exercer la *condictio* à raison du *mutuum* consenti par le gérant qu'après avoir ratifié le prêt. (Conf. L. 9, § 8, *de reb cred.* xii. 1 D.).

(2) Dans un autre ordre d'idées, un autre texte d'Ulpien, la loi 1, § 6, (D. *quod jussu*) décide que la ratification équivaut au *jussum*, tandis qu'un

L'opinion contraire s'appuie sur les lois 6. § 9, D. h. t., 20, § 1, D. *mand.* (17. 1,) et L, 9. C. *de neg. gest.* (2. 19, *adde* L. 3 *de rei vindic.*, Code. L. 3. *de contrah. et commit. stip.* L, VIII. 38.

Justinien signale cette controverse dans la loi 7, ad, C. S. C. *mand.*, et il la résout dans le sens d'Ulpien, mais ce texte ne saurait être décisif.

66. — Les auteurs sont très divisés. L'opinion d'Ulpien a été défendue par Accurse, qui base son système sur un texte de Paul. l. 17, § 1 *mand.* D. « *fidejussori negotiorum gestorum est actio si pro absente fidejusserit*, d'où il conclut à l'opposé que si le maître était présent, la ratification donnera naissance à *l'actio mandati.* Mais s'il était présent, notamment en ce qui touche la fidéjussion, il y aura mandat tacite et non pas gestion d'affaires. Donc cette distinction ne résout rien.

On a proposé de concilier la loi 60 avec les autres textes en faisant valoir cette considération que, puisque dans la première phrase du texte, il est question de s'obliger pour autrui, la deuxième phrase doit se référer également à cette hypothèse. Or, en ratifiant l'engagement du fidéjusseur, je lui donne par là même mandat de payer la dette ; ce mandat aura précédé le service que doit rendre le fidéjusseur. Il en serait autrement, dit-on, si la ratification n'était intervenue qu'après le paiement effectué par le fidéjusseur, le maître, c'est-à-dire celui pour qui le fidéjusseur s'est obligé, demeurerait alors tenu de l'*actio neg. gest.*

Cette proposition ne nous paraît pas acceptable, par la raison que le fidéjusseur rend un service non seulement en payant la dette, mais par la seule circonstance qu'il s'oblige pour autrui.

Voët distingue en recherchant dans quel esprit est intervenue la ratification. Le tout dépend de l'intention qu'on a eue en ratifiant et de savoir si on s'est proposé de substituer le mandat à la gestion d'affaires. Cette distinction est basée sur la loi 7, § 12, D. *de pactis*, II, 14. Mais cette loi qui distingue les pactes des stipulations, dans les cas incertains, d'après l'intention des parties, ne nous paraît pas applicable à la solution de la question qui nous occupe.

Le président Fabre formule ainsi son opinion « *Tunc rati-*

autre texte du même jurisconsulte, (L. 5, § 2 *de in rem verso* D.) décide que la ratification aura seulement pour effet de donner naissance à l'action *de in rem verso.* Cette contradiction doit nous mettre en garde contre la loi 60. de *reg. juris.*

habitio mandato æquiparatur cum negotium ejus contemplatione gestum fuit, qui ratum habet ; at si non fuit ejus negotium, licet ejus contemplatione gestum, non potest habere vim mandati ». Cela revient à dire que le mandat ne peut pas avoir pour objet une chose étrangère au patrimoine du mandant, ce qui n'est pas exact. Ce système est, en outre, contredit par les lois 19 h. t., C. L. 3 (*de rei vind.*, Code). Ces textes donnent l'*actio neg. gest.* dans des cas où, d'après la distinction de Fabre, ils devraient donner l'*actio mandati.*

Nous pensons que l'effet de la ratification dont on dit « *mandato æquiparatur* » est de faire disparaître la différence qui existe entre l'*actio neg. gest.* et l'*actio mandati* en ce qui touche le remboursement des dépenses faites par le gérant ou le mandataire, mais que la position du *gestor* et du *dominus* doit se régler par les actions de gestion d'affaires « *Nam mandati actio non potest competere cum non antecesserit mandatum.* » L. 9, Scevola.

Welker (1), partant de cette idée que la ratification est un acte purement unilatéral émané du *dominus* et qu'elle ne peut avoir pour effet que de modifier la situation de celui qui fait la ratification, en conclut qu'après la ratification, le *dominus* devra être traité comme mandant même pour ce qui a été fait antérieurement à la ratification, mais que, relativement au *gestor*, ce qu'il a accompli conserve le caractère d'une *negotiorum gestio* pour laquelle il demeure soumis à l'*actio neg. gest.* Cela peut avoir une grave importance, par exemple, en ce qui concerne la prestation des fautes. Ce système adopté par Vangerow (2) et enseigné par M. Demangeat, ne nous paraît pas acceptable. Nous n'admettons pas qu'un même fait puisse être considéré comme l'exécution d'un contrat en ce qui touche les obligations du *dominus* vis-à-vis du *gestor* ou comme donnant naissance à un quasi-contrat en ce qui concerne les obligations du *gestor* vis-à-vis du *dominus*.

M. Accarias (t. II n° 656) fait remarquer qu'à l'époque classique l'intérêt de la question se résume à savoir si c'est une gestion d'affaires ou un mandat qu'il faut mentionner dans la *demonstratio ;* or, une erreur dans cette partie de la formule ne compromet jamais le droit du demandeur (Gaius IV, § 58). Elle peut faire perdre au demandeur son procès actuel, mais ne l'empêche pas de recommencer le procès pour

____

(1) *Diss. interpretationem exhibens leg. 9 de neg. gest. juncta L. 60 de R. J. Giessen 1813.*

(2) T. III, § 664, p. 524 et S.

une cause différente. « Que si nous envisageons le dernier état de la législation, cet intérêt tel quel a lui-même disparu puisque le demandeur qui s'est trompé sur la cause de son action est toujours admis devant le juge à rétablir la vérité. (*Inst.* § 15, *De act.* IV, 6). »

67. — La ratification ne produit effet que si elle émane de celui en considération de qui la gestion a été entreprise. Celui-là seul s'oblige en ratifiant. La loi 6 contient une application de ce principe. — Le père de famille ou le maître est seulement tenu *de peculio* ou *de in rem verso* à raison de la gestion du pécule du fils ou de l'esclave, entreprise *amicitia filii vel servi*; même s'il ratifie, le maître ou le père de famille ne sera tenu que *de peculio*. C'est en ce sens qu'il faut entendre le texte « *nihil agitur ratihabitione* », c'est-à-dire que la ratification n'engendrera aucune obligation nouvelle.

La ratification de ce qui a été fait pour le fils ou pour l'esclave et en considération d'eux, n'équivaut pas au mandat. Si la gestion avait été entreprise en considération du maître, il serait tenu *in solidum*.

68. — Voyons les effets de la ratification à l'égard des tiers. Dans les actes de pur droit civil la représentation n'était pas admise, de sorte que la rétroactivité attachée à la ratification ne pouvait se produire au point de faire considérer celui qui ratifiait comme ayant été partie au contrat. En conséquence la ratification demeurait sans effet à l'égard des tiers qui avaient traité avec le *negotiorum gestor*.

69. — En ce qui concerne la naissance des obligations, les règles qui interdisaient la représentation s'opposaient à ce que quelqu'un pût devenir créancier par l'entremise d'un tiers. Toute stipulation pour autrui est nulle. Celui qui stipule ou qui intervient dans un acte juridique doit stipuler pour lui-même, sauf à transporter à celui en vue de qui il a contracté le bénéfice des contrats faits en son propre nom, en l'instituant *procurator in rem suam*.

La représentation n'était pas admise pour la formation de l'obligation, mais rien ne s'opposait à ce que l'obligation fût éteinte par un tiers. Divers textes sont relatifs à la ratification par le créancier du paiement fait à un tiers représentant le créancier comme *negotiorum gestor*. Tous ces textes établissent l'effet de la rétroactivité attachée à la ratification. Il importe de dire que le paiement fait au *negotiorum gestor* du créancier ne libère le débiteur que si le maître ratifie le payement, au lieu que le paiement fait par un tiers pour le compte du débiteur a pour effet de libérer le débiteur immédiatement.

70. — La question de la rétroactivité de la ratification est envisagée et résolue dans divers textes relatifs au paiement reçu par un *negotiorum gestor*.

La loi 58 (D. *de sol.*) vise le cas d'un payement reçu par un gérant d'affaires pour le compte de l'un des *correi stipulandi*. Le débiteur paye d'abord au gérant, puis avant que le créancier absent ait ratifié ce payement, il paye à l'autre *reus stipulandi*. Lequel des deux payements sera valable? Le premier sera seul valable si le maître ratifie et ce qui a été payé au second créancier pourra être répété. Dans l'espèce, la ratification par ce premier *correus stipulandi* du paiement fait à son gérant aura pour effet de lui *acquérir* le montant intégral de la créance au préjudice de l'autre créancier exposé à la répétition et qui n'est investi vis-à-vis de lui d'aucun recours, à supposer qu'il ne s'agisse pas de *correi scçii.*

Un autre exemple est rapporté par la loi 71, § 1, *de sol.* Un fidéjusseur qui s'était obligé en limitant la durée de son engagement, paye entre les mains du gérant d'affaires de son créancier. Arrive le délai passé lequel le fidéjusseur devait cesser d'être tenu, sans que le maître ait ratifié le payement; il ne ratifie que plus tard. Le fidéjusseur pourrait-il répéter ce qu'il a payé par la raison qu'au jour de la ratification il n'était plus tenu? Non (1). Ici encore la ratification rétroagit et valide ce qui a été fait. — La même loi 71, § 2, (D. *de sol.*) résout une autre espèce d'après les mêmes principes.

71. — Le principe de la non-représentation s'applique à la transmission des droits réels tout comme à la formation des obligations.

Les modes solennels pour la transmission de la propriété la *mancipatio* et l'*in jure cessio* n'admettaient pas la représentation. Le mandataire ou le gérant acquérait la propriété pour son propre compte, et la rétrocédait ensuite au mandant ou au *dominus* qui la recevait du *gestor* ou du mandataire comme d'un tiers, en demeurant étranger au contrat primitif. Il ne saurait être ici question de ratification. Mais nous savons que les modes solennels étaient tombés en désuétude et qu'au

---

(1) *Licet fidejussor sit tempore liberatus, si tamen solvit, repetit per actionem mandati.* (D. *mandati nél contra,* L. 29, § 6).

temps de Justinien la tradition était seule employée. La tradition avait pour effet de faire passer la propriété sur la tête de l'*accipiens* si le *tradens* était propriétaire, sinon de mettre l'*accipiens in causa usucapiendi*.

La tradition faite à un mandataire faisait acquérir au mandant la propriété de la chose livrée, même à son insu, toutes les fois que la tradition devait avoir pour conséquence la transmission de la propriété, c'est-à-dire si le *tradens* était propriétaire et si la chose livrée était *res nec mancipi*.

La propriété dérivant de la possession était acquise au mandant *etiam ignoranti* (L. 13 *pr. de adq. vel amit poss.*).

72. — Il y a là une dérogation à la règle qui, tout en permettant d'emprunter le *corpus* d'un tiers, exige l'*animus* personne. du possesseur. Mais il est bon de noter que le mandant a manifesté l'*animus possidendi* au moment où il a donné mandat et que son ignorance n'est que relative. Cependant, Gaïus indique la question de savoir si on peut acquérir, la possession par mandataire étant douteuse de son temps, mais au temps de Paul la question était mise hors de doute (L. 1 § 20 *de acq. vel amit. poss.*) Paul fait le raisonnement suivant : Si la possession n'était pas acquise au mandant, elle ne serait à personne. Le même raisonnement se retrouve dans la loi 1 § 4, même titre. On pourrait dire que le *tradens* n'abandonne la possession que sous la condition qu'elle soit acquise au mandant, en sorte que si celui-ci ne se trouve pas dans les conditions requises, le *tradens* est censé ne s'être jamais désinvesti de la possession. Mais on peut répondre à cela que la possession *res facti* ne comporte pas de condition. Le *tradens* cesse de posséder, libre à lui si le mandant ne possède pas, de se remettre en possession.

73. — La question se pose de savoir si, dans les cas où la propriété découle de la possession, on peut dire du *dominus* qui a ratifié ce qu'on dit du mandant que la possession lui soit acquise *etiam ignoranti*, c'est-à-dire, si la ratification produit un effet rétroactif en ce qui concerne la possession. Cette conséquence a été contestée par Savigny. Dans le silence des textes, M. Labbé n'a pas donné la solution de cette question. Tout en avouant notre hésitation en présence de cette question, nous pensons cependant qu'elle est susceptible d'être résolue affirmativement. La propriété d'une chose livrée au gérant est censée acquise au *dominus* au moment où elle a été transférée au gérant. Cela n'est pas contredit par la loi 24, *d. h. t.*, car si la propriété des écus dans l'espèce de cette

loi, n'est pas acquise au *dominus hic et nunc*, c'est que le *dominus* ignorant le payement n'avait pas l'*animus possidendi* ; mais ce qui prouve que le débiteur est en principe valablement libéré par ce payement à sa date, c'est qu'il ne peut pas répéter ce qu'il a payé. Le payement produit dès lors l'effet libératoire, sous la condition résolutoire du défaut de ratification par le *dominus*. Voici un autre texte : L. 25 *C. de donat. inter vir. et uxor.* La donation faite par le père à ses enfants *in potestate*, ou par l'un des époux à l'autre époux, ou par l'un d'eux à toute personne de la classe de celles à qui on ne peut faire des donations pendant le mariage ou toute donation prohibée, vaut, si le donateur décède persistant dans sa volonté de donner, et alors à raison de l'effet rétroactif attaché à la persistance de volonté résultant du silence ou de la confirmation spéciale « *ad istud tempus referatur quo donatio scripta est, sicut et alias ratihabitiones negotiorum gestorum ad alia reduci tempora oportet, in quibus contracta sunt.* » De ces textes il résulte que la ratification rétroagit quant à l'acquisition de la propriété, mais rétroagit-elle quant à l'acquisition de la possession ? Comment comprendre que le *dominus* devienne rétroactivement propriétaire sans devenir rétroactivement possesseur, alors que l'acquisition de la propriété est la conséquence de l'acquisition de la possession ? La question est d'ailleurs sans intérêt sous Justinien qui a supprimé la distinction entre le fait et le droit en ce qui touche la possession.

Nous savons qu'autrefois la possession était considérée comme « *res facti* » ; or, la rétroactivité dérivant de la ratification reposant sur une fiction de droit ne pouvait s'appliquer qu'aux droits.

74.— Supposons maintenant que le *tradens* n'était pas propriétaire. Pour acquérir la propriété, il faut usucaper. On connaît l'adage « *etsi possessio ignoranti acquiritur, usucapio scienti competit.* » Pour usucaper il faut l'*animus* et la bonne foi (1). La possession ne commencera réellement pour le mandant que le jour où il connaîtra la possession de son mandataire. Il faut en dire autant du *dominus*. La possession du *gestor* ne comptera pour l'usucapion que du jour où il l'aura connue et ratifiée, mais la ratification est ici dépourvue de rétroactivité. (L. 16 D. *de adq. vel. ret.* pos.)

____

(1) La bonne foi n'était exigée que pour l'usucapion d'une chose livrée à *non domino*, mais non pour l'usucapion d'une *res mancipio* livrée sans l'emploi des modes solennels. (Gaius, II, § 41 et 43, Inst.)

75. — La ratification produira un effet rétroactif à l'égard des tiers en ce qui concerne l'aliénation ou le payement fait par un *gestor* (1). Cela n'est pas contredit par la loi 44, § 1 D. de *usucapio. et usurp.* laquelle se réfère non à un *procurator*, ou *gestor*, mais à un homme vendant la chose d'autrui comme sienne. Le gérant ne pouvait user que de la tradition comme mode de transmission de la propriété des choses appartenant au *dominus*.

76. — Lorsque la chose du *dominus* a été hypothéquée à son insu par le gérant, la ratification de la constitution d'hypothèque produit un effet rétroactif. (L. 16, § 1, D. *de pignor. et hypoth.*)

De même, en matière de procès, la ratification produit son entier effet : *Videtur retro res in judicium deducta.* A supposer que celui qui a agi en justice pour un tiers, autrement qu'en exécution d'un mandat, ait pu réunir d'une manière intrin-sèque les conditions requises d'un mandataire *in judicio*, c'est-à-dire à la condition que le gérant ne fût ni pupille ni es-clave. (L. 5 6, D. *de jud.*). La ratification de l'instance produit effet à l'égard des tiers. (L. 24. C.)

Il est interdit au gérant de mettre obstacle à la ratification. Il ne peut pas modifier les situations qu'il a créées.

77. — Dans quel délai doit intervenir la ratification? Il n'y a pas de règle à ce sujet. Il est cependant question d'un délai moral. (L. 13, D. *de sol.*) Pothier, dans son commentaire sur cette loi, n° 58, pense que le *dominus* peut être mis en demeure de se prononcer.

La loi fixe un délai pour la ratification dans le cas où le gérant aurait demandé la *bonorum possessio* pour l'héritier du droit prétorien. Cette demande doit être ratifiée par l'héritier dans les cent jours dans lesquels il devait lui-même demander la possession. (L. 24. pr., *rat. rem. hab.*) Cette décision se rattache, d'après M. Labbé, à un motif d'*utilité pratique*. On s'est proposé de ne point faire dépendre de l'inaction de l'héri-tier pour le compte duquel le gérant était intervenu l'ouver-ture du droit des héritiers de l'ordre subséquent. (L. 24, D. *ratam rem hab.*).

---

(1) En ce sens M. Labbé (*De la ratification des actes d'un gérant d'affaires*).

DROIT FRANÇAIS

DROIT FRANÇAIS

DE LA CONSTITUTION DES SOCIÉTÉS PAR ACTIONS A CAPITAL FIXE

CONSIDÉRATIONS PRÉLIMINAIRES

Il y a deux types de sociétés par actions : la société anonyme qui, en fait, est toujours par actions et la société en commandite qui *peut* se constituer par actions.

Sur la société anonyme l'art. 34 C. com., dispose : « Le capital de la société anonyme se divise en actions et même en coupons d'actions d'une valeur égale. » La question se pose de savoir si l'article 34 a un caractère facultatif ou obligatoire et cela à un double point de vue :

a. La société anonyme pourrait-elle être constituée autrement que par actions? Lors de la discussion de la loi du 24 juillet 1867, qui régit actuellement les sociétés par actions, M. Emile Ollivier s'efforça de faire admettre une solution affirmative, parce que, suivant lui, les sociétés anonymes par intérêt, si elles avaient été reconnues, n'auraient point été soumises à la réglementation établie pour les sociétés anonymes par actions. Mais cette conséquence était évidemment illogique, car même en admettant que l'art. 34 n'a pas un caractère obligatoire, ce qui résulte de la déclaration faite par M. Rouher, et que la société anonyme pourrait être constituée par intérêt, il ne s'ensuivrait pas que les sociétés anonymes constituées sous cette forme fussent exemptées de la réglementation établie pour les sociétés anonymes, à l'exception des règles qui s'appliquent exclusivement aux titres délivrés sous la forme d'actions (1 et 2).

b. On s'accorde généralement à reconnaître que la disposition de l'art. 34, en ce qui concerne l'égalité de la valeur des actions ou coupons d'actions, est purement facultative et dépourvue de sanction. En fait, les actions seront toujours établies de valeur égale parce que la division en

(1) Les sociétés par actions sont régies :

a. En Angleterre, par les lois du 7 août 1862, Vict. act 25 et 26, cap. 89; — du 20 août 1867, Vict. act 30 et 31, cap. 121. Cette loi a introduit en Angleterre la société en commandite par actions, ou, pour parler plus exactement, la société anonyme par actions avec dualité d'associés, les uns obligés limitativement et les autres d'une façon illimitée. A ces deux lois, on peut ajouter les Company's acts de 1877 et 1879.

b. En Allemagne, par la loi du 11 juin 1870.

c. En Belgique, par la loi du 18 mai 1873.

d. Et en Suisse, par le code fédéral des obligations en vigueur à partir du 1er janvier 1883 (30 novembre 1881).

(2) La législation anglaise ne considère la division en actions que comme une modalité ; elle place le *criterium* de la société anonyme dans la limitation de la responsabilité de tous les associés. D'un côté, le capital de la société anonyme peut ne pas être divisé en actions, ou n'être divisé en actions que temporairement, et de l'autre, toute espèce de société, même les sociétés en nom collectif (*partnerships*), peuvent adopter la division du capital social en actions. La société en commandite comprenant des associés responsables *in infinitum* et des associés dont la responsabilité est limitée, n'a été reconnue en Angleterre que par la loi de 1867.

actions de valeur inégale serait un obstacle à la circulation de ces titres. Pour que chacun de ces titres ait son individualité propre, il suffit de les numéroter. La constitution des sociétés en commandite par actions est autorisée par l'art. 38, C. com. « Le capital des sociétés en commandite pourra être aussi divisé en actions, sans aucune dérogation aux règles établies pour ce genre de sociétés. »

Sous le régime du Code les sociétés anonymes ne pouvaient se constituer qu'avec l'autorisation du gouvernement et à la suite de l'approbation donnée à leurs statuts dans la forme prescrite pour les règlements d'administration publique (1) (art. 37). La société en commandite par actions, au contraire, jouissait d'une entière liberté. La raison de cette différence tenait à ce que l'un des caractères de la société anonyme est l'absence d'associés indéfiniment responsables (art. 33), au lieu que dans la société en commandite, même par actions, il y a toujours un ou plusieurs associés responsables et solidaires (art. 23). Le Code n'avait pas prévu que ces associés responsables et solidaires pourraient n'être que des *hommes de paille*. Cette absence de réglementation pour les sociétés en commandite par actions amena des abus désastreux. Tout de suite on pensa à supprimer la commandite par actions; telle était la portée d'un projet de loi présenté par le gouvernement en 1838 (2), mais on se ravisa et on comprit la nécessité d'une réglementation portant sur la forme des sociétés par actions sous laquelle disparaissaient les caractères de la

(1) L'art. 37 C. com. se complète par les instructions ministérielles des 22 octobre 1817 et 11 juillet 1818.

(2) L'origine de ce projet est rapportée par M. Coquelin (Des Sociétés commerciales en France et en Angleterre, *Revue des Deux-Mondes*, août 1843) : C'était un fait très connu en France que l'Angleterre n'avait pas de

commandite. Pour la constitution de ces sociétés, la loi du 17 juillet 1856 établit un certain nombre de dispositions impératives et prohibitives qui étaient comme des mesures prises sur le fait en vue de corriger les vices de la pratique et qui sont encore, d'une façon générale, la base de la réglementation actuelle sur la constitution des sociétés par actions.

La loi du 24 juillet 1867, en supprimant pour les sociétés anonymes la nécessité de l'autorisation et de l'approbation des statuts, a remplacé ces mesures de protection, efficaces mais gênantes, par l'assujettissement des sociétés anonymes aux règles générales établies pour les sociétés en commandite par actions.

Le système établi par la loi actuelle qui a effacé la distinction faite par le Code de commerce est parfaitement logique. Il consacre une législation à peu près uniforme pour la constitution des sociétés par actions. Et à ce sujet il nous faut regretter que la loi de 1867 ait traité distinctement des sociétés en commandite par actions au titre Ier et des sociétés anonymes au titre II, ce qui donne lieu à des répétitions fréquentes et à quelques différences injustifiables (1).

L'article 21 de la loi de 1867 porte : « A l'avenir les sociétés anonymes pourront se former sans l'autorisation du gouvernement (2). » Un premier pas avait été fait dans

---

sociétés en commandite avec responsabilité mixte; cette circonstance fut relevée par des écrivains qui allèrent jusqu'à soutenir que la prospérité commerciale de l'Angleterre tenait à l'absence de cette forme de société. Un ministre s'empara de cette idée et présenta le projet de loi sus-énoncé.

(1) MM. Lyon-Caen et Renault. Précis de droit com., p. 206, note 2.

(2) Le code allemand exigeait l'autorisation du gouvernement pour les sociétés anonymes et aussi pour les sociétés en commandite par actions (art. 174, 208), réserve faite aux lois des divers Etats de les en dispenser

cette voie par la loi du 23 mai 1863, sur les *sociétés à responsabilité limitée* pour des sociétés anonymes dont le capital social ne pouvait excéder vingt millions de francs. La nécessité de l'autorisation subsistait pour les sociétés dont le capital était fixé à un chiffre plus élevé et aussi pour celles qui ne voulaient pas profiter de la faveur de l'art. 1er de la loi de 1863.

Même sous la loi actuelle la nécessité de l'autorisation est maintenue pour les sociétés d'assurances sur la vie mutuelles ou à primes. (Les assurances mutuelles demeurent régies par l'ordonnance du 12 juin 1842.) Pour les sociétés d'assurances autres que celles sur la vie, on a pris un moyen terme entre la liberté et le régime de l'autorisation. Elles n'ont pas besoin de l'autorisation du gouvernement pour se constituer, mais elles doivent se conformer au règlement d'administration publique du 22 janvier 1868 (1).

La question se pose de savoir si les sociétés civiles peuvent se constituer sous la forme de sociétés en commandite par actions ou anonymes. Sous le régime du Code de com-

---

(art. 206, 249). La loi fédérale du 11 juin 1870, étendue à tout l'empire, a supprimé la nécessité de l'autorisation.

En Angleterre, les sociétés sont déclarées exemptes de l'autorisation par l'acte du 9 août 1862 (25 et 26 Vict. act, chap. 89).

L'autorisation a été supprimée en Belgique par la loi du 18 mai 1873 ; elle est à la veille de l'être en Italie et en Autriche.

Le code espagnol n'exigeait point l'autorisation (art. 293).

(1) On s'occupe en Allemagne de faire une loi unique relative à la constitution et au fonctionnement des compagnies d'assurances. Voici une particularité que nous relevons dans la loi actuelle sur les sociétés, en ce qui concerne les compagnies d'assurances ; elle a trait à la quotité des versements à effectuer sur chaque action. Cette quotité est plus élevée pour les sociétés d'assurances que pour les actions des autres sociétés (art. 209, a). Dans le projet italien, on a adopté le système inverse (art. 129).

merce, le conseil d'État approuvait les statuts des sociétés civiles constituées sous la forme de l'anonymat. La constitution de sociétés civiles par actions, même au porteur, est expressément autorisée par la loi du 21 avril 1810 (art. 8, 14 et 132) sur les mines. Aux termes de l'art. 14 de la loi du 5 juin 1850 relative au timbre des effets de commerce, les certificats d'actions des sociétés civiles sont assujettis au timbre proportionnel. La loi de 1863 sur les sociétés à responsabilité limitée était exclusivement applicable aux sociétés *commerciales*. En 1867, la question a été réservée. Dans le silence de la loi, rien ne s'oppose à ce qu'une société civile se constitue sous une des formes indiquées par le Code de commerce et spécialement sous la forme d'une société par actions. En effet, il est bien permis de stipuler la limitation des engagements de tous les associés ou de quelques-uns d'entre eux seulement, il suffit que les tiers soient avertis; ils le seront par la publicité donnée à la constitution de la société conformément à ce qui est établi pour les sociétés commerciales. Mais l'adoption par une société civile de la forme de société par actions ne doit avoir que les conséquences qui découlent nécessairement de cette forme; ces conséquences sont limitées aux modes de transmission des titres, à l'étendue de l'obligation des actionnaires, enfin au mode d'administration de la société. Elle doit, au contraire, rester sans influence sur le fond même de la société civile; il faut dire que la société ne pourra pas être déclarée en faillite, qu'elle ne sera pas placée sous la juridiction commerciale et enfin que la prescription de cinq ans, établie par l'art. 64 C. com., ne sera pas applicable (1).

(1) Les lois anglaise et allemande (art. 5) admettent que les sociétés

Les conditions requises pour la constitution des sociétés par actions se rattachent à deux ordres d'idées distincts.

a. Il est de l'intérêt de l'État que le crédit public ne soit pas atteint par des entreprises frauduleuses ou sans but réel dans lesquelles vont s'engouffrer les capitaux disponibles. A cet ordre d'idées se rattachent les dispositions relatives au capital social, aux actions et à l'établissement d'un pouvoir de contrôle auprès des gérants ou administrateurs des sociétés. Ce sont là des règles d'ordre général.

b. A un second ordre d'idées se rattachent les règles relatives à la vérification des apports en nature et des avantages particuliers à l'organisation de la gérance et de l'administration. Ce sont là des dispositions d'ordre intérieur.

Les formalités extrinsèques, telles que la nécessité d'un acte écrit contenant les statuts de la société, et la déclaration notariée avec la production et le dépôt des pièces à l'appui, dérivent de ces deux ordres d'idées à la fois.

D'ailleurs toutes ces règles ont une égale importance et la violation de chacune d'elles entraîne la nullité de la société (art. 7). Mais la distinction que nous avons formulée s'accentue dans quelques-unes des conséquences qui dérivent de la violation des règles établies. A toutes les infractions en ce qui concerne le capital social, les actions

civiles peuvent prendre la forme de sociétés commerciales et se constituer sous la forme de sociétés anonymes ou en commandite par actions. Cela est également admis pour la loi belge, mais seulement pour les sociétés minières (art. 136). Ces sociétés peuvent, sans perdre leur caractère civil, emprunter les formes commerciales; en Allemagne, au contraire, les sociétés anonymes et en commandite par actions sont soumises à toutes les règles concernant les commerçants. (MM. Lyon-Caen et Renault.)

et le pouvoir de contrôle, la loi attache une pensée de fraude et prononce contre les auteurs ou complices de ces infractions des peines portées aux articles 13, 14 et 15.

Pour la clarté de cet exposé, nous croyons devoir suivre l'ordre dans lequel s'accomplissent les diverses conditions requises pour la constitution des sociétés par actions. Lorsque la société par actions est constituée, elle comprend trois grands rouages, que nous rencontrons dans la société en commandite comme dans la société anonyme. Dans ces deux sociétés, il y a une gérance qui est la personnification de la société; la gérance est confiée au conseil d'administration dans la société anonyme (1). Il y a des assemblées générales d'actionnaires. Enfin il y a un pouvoir de contrôle exercé par un conseil de surveillance dans les sociétés en commandite, et par des commissaires de contrôle dans les sociétés anonymes.

Nous indiquerons successivement les conditions que la loi prescrit relativement au fonds social et aux actions, et dont l'accomplissement est l'œuvre des gérants et des fondateurs. Nous exposerons ensuite le rôle des assemblées générales constituantes, auxquelles la loi réserve l'approbation des apports en nature et des avantages particuliers et, spécialement pour les sociétés anonymes, la vérification de la sincérité de la déclaration notariée imposée aux fondateurs, en ce qui concerne la souscription du capital social et le versement du quart. D'autre part nous examinerons la composition et les attributions des assemblées générales chargées de l'organisation des pouvoirs sociaux qui résident dans la gérance et le contrôle.

(1) Le conseil d'administration est la réunion des administrateurs; la société anonyme peut n'avoir qu'un seul administrateur.

Enfin, nous expliquerons les conséquences établies par la loi pour assurer l'accomplissement des conditions prescrites et aussi les mesures répressives qui constituent la sanction des obligations imposées aux agents dont le concours est exigé pour la constitution de la société.

PREMIÈRE PARTIE.

Capital social et actions.

Section I.

Capital social.

1. — « Les sociétés ne peuvent être définitivement constituées qu'après la souscription de la totalité du capital social et le versement par chaque actionnaire du quart au moins du montant des actions par lui souscrites (1). » (Art 1, § 2.)

Le capital social est l'ensemble des fonds apportés à la société. Le capital social d'une société n'existe d'abord que sur le papier, c'est-à-dire dans les statuts de la société. Ceux qui dressent les statuts fixent le chiffre du capital social, eu égard à l'importance de l'entreprise. Ils jouissent

---

(1) Le code de commerce italien n'exigeait que la souscription des 4/5. Le code espagnol se contente de la souscription de moitié. Le code allemand ne contenait aucune règle particulière ; mais la novelle de 1870 exige la souscription intégrale (art. 210, a).

La loi anglaise fait également de la souscription intégrale une condition absolue de l'admission de la demande.

C'est la règle établie par la loi belge (art. 29), par le projet italien (art. 129) et par la loi suisse (art. 622).

à cet égard d'une liberté dont ne jouissaient pas avant 1867 les sociétés anonymes qui, pour se soustraire à la nécessité de l'autorisation, se plaçaient sous le régime de la loi du 23 mai 1863 sur les sociétés à responsabilité limitée, leur capital social ne pouvant excéder vingt millions. En général il n'y a pas à redouter que ceux qui constituent une société par actions fixent le capital à un chiffre trop bas et insuffisant pour les frais de l'entreprise. Si cependant le capital fixé par les statuts se trouvait être insuffisant, on pourrait, au cours de la société, voter une augmentation de capital ou procéder par voie d'emprunt.

Qu'il nous suffise de marquer dès à présent que le législateur ne s'est pas préoccupé de ce cas ; ce dont s'est occupé le législateur, c'est d'arrêter l'élan des fondateurs de sociétés qui seraient tentés de constituer une société avec un capital trés élevé. A côté de la liberté qu'on a de fixer le capital social aussi élevé qu'on voudra, la loi a établi une mesure de protection que voici : pour que la société puisse se constituer, il faudra que le capital social soit intégralement souscrit et que chaque actionnaire verse le quart du montant des actions par lui souscrites. L'idée qui domine dans ces règles est que la loi veut que les sociétés soient sérieuses et qu'elles poursuivent un but réel et réalisable. Le capital doit être définitivement fixé par les statuts, voilà la première condition de la loi, c'est là comme un premier jalon, une indication précieuse et qui pourra servir à constater la régularité de la société.

§ 1. — *Souscription intégrale.*

2. — Nous disons : le capital social doit être intégralement souscrit. Cette règle a été posée par la loi du 17 juil-

let 1856, art. 1er. La raison qui fit écrire cette disposition dans la loi tenait aux abus ruineux de la pratique suivie sous le régime de la liberté de la commandite. Au lieu d'attendre que le capital fût intégralement souscrit, et de crainte qu'il ne le fût pas, on déclarait que la société serait constituée provisoirement après la souscription d'une partie du capital social. Dès qu'on avait réuni les premiers fonds, on commençait les opérations sociales ; les fonds insuffisants pour l'entreprise étaient généralement dissipés par les fondateurs, au grand préjudice des souscripteurs et des tiers qui avaient traité avec la société (1 et 2).

3. — La souscription est la promesse contractée par un futur associé de faire à la société l'apport d'une quote-part du capital social ; cette quote-part peut comprendre une ou plusieurs unités du capital social divisé en actions. Cette promesse d'apport doit être acceptée expressément

(1) Le projet du conseil d'État n'exigeait pas la souscription intégrale du capital social ; il se contentait d'un versement partiel « sans lequel il est presque toujours impossible de commencer de sérieuses opérations ». Cela explique l'amendement présenté par M. Langlais (de la Sarthe) qui visait les émissions par séries successives et qui voulait que l'émission de la seconde série fût subordonnée au recouvrement de la totalité du capital primitif et à l'autorisation de l'assemblée générale. Mais le projet du conseil d'État ayant été écarté, l'amendement est demeuré sans objet. Les émissions par séries ne sont plus permises.

(2) La loi belge veut que les bulletins de souscription soient faits en double et qu'ils indiquent la date de l'acte social, l'objet de la société, le capital social, le nombre d'actions, les apports faits ou promis par chaque associé et à quelles conditions, les avantages particuliers attribués aux fondateurs, le versement effectué ou promis d'un vingtième du montant de chaque action souscrite et la convocation des souscripteurs pour l'assemblée générale qui se réunira dans les trois mois, à l'effet de constituer définitivement la société (art. 51).

Le projet italien veut, en outre, que les signatures des souscripteurs

par ceux qui reçoivent les souscriptions. L'acte social est formé par la réunion de la signature apposée sur les statuts par ceux qui fondent la société à celle des actionnaires sur le bulletin de souscription, alors que la souscription est acceptée.

4. — La nécessité de souscription intégrale du capital social exclut toute condition qui serait opposée à une souscription. D'ailleurs le gérant ou les fondateurs qui reçoivent les souscriptions, n'étant que les mandataires de la société, n'ont pas le droit d'accepter les engagements consentis sous condition par quelques-uns des souscripteurs, car ils excéderaient les limites de leur mandat. Ajoutons qu'il est de l'essence des sociétés par actions que l'égalité la plus absolue règne entre les associés. C'est là un principe auquel il ne peut être dérogé qu'en conformité des dispositions contenues dans l'art. 4. Pour ces motifs nous refusons tout effet à la condition dans les rapports des associés entre eux. D'un autre côté, en ce qui concerne les rapports des souscripteurs sous condition vis-à-vis des tiers, il n'est pas douteux que la clause qui aurait pour effet de réduire ou de faire disparaître l'engagement de ces actionnaires ne serait pas opposable aux tiers qui sont autorisés à se prévaloir de la publication de la déclaration notariée faite par les gérants ou fondateurs, et constatant

soient légalisées par un officier public (art. 128). D'après le projet italien, en cas de silence des statuts, l'assemblée générale doit être convoquée dans les quinze jours qui suivent le dernier jour fixé pour le versement des dixièmes (art. 132, al. 1).

(1) Un arrêt de la Chambre des requêtes du 12 août 1863 a admis, pour une société constituée avant la loi de 1856, que les souscriptions pouvaient être soumises à des conditions autres que les conditions protestatives, pourvu qu'elles eussent été publiées. Cela ne pourrait plus être admis.

la souscription intégrale du capital social. Le capital social ne serait point intégralement souscrit, si une partie n'était due que sous condition (1). Au surplus, le défaut de souscription intégrale du capital social entraînerait la nullité de la société.

5. — Cette solution serait également applicable au cas où les statuts contiendraient une clause ayant pour objet de restreindre l'engagement en ce qui concerne la souscription du capital social, comme s'il était dit que la deuxième moitié ne serait versée que si l'on avait fait des bénéfices (Paris, 9 mai 1868). Ce serait là une clause de retraite facultative absolument proscrite depuis la loi de 1856 qui a exigé la souscription intégrale.

Sous le régime du Code de commerce, le conseil d'Etat, qui approuvait les statuts des sociétés anonymes, admettait dans les statuts la clause de retraite facultative après le versement de moitié de chaque action. L'art. 8 de la loi du 15 juillet 1845 sur les sociétés de chemins de fer disposait que les souscripteurs seraient responsables jusqu'à concurrence des 5/10 du versement des actions souscrites. Cela voulait dire qu'après le versement des 5/10, les souscripteurs cessaient d'être garants de leurs cessionnaires. Aussi, après ce versement de moitié, les titres provisoires et nominatifs étaient échangés contre des titres définitifs et au porteur, sur lesquels la compagnie se réservait un

---

(1) La loi suisse porte : Art. 617. — Toute souscription d'actions est faite sous la condition tacite que la société anonyme sera effectivement constituée.

Si une souscription d'actions est subordonnée à une autre condition quelconque, il ne peut en être tenu compte lors de la constatation du capital social qu'autant qu'elle est couverte par une autre souscription faite éventuellement pour le cas où la condition ne s'accomplirait pas.

droit d'exécution, les souscripteurs primitifs cessant d'être
personnellement tenus. La loi de 1856 a suivi un autre
système : l'article 3 porte que les souscripteurs demeurent responsables du payement intégral des actions souscrites. Cette disposition nous paraît être la déduction la
plus logique de la règle posée en tête de ce chapitre, que
le capital social doit être intégralement souscrit. La loi
de 1867 a maintenu au moins implicitement le principe
de la responsabilité des souscripteurs pour le payement
intégral des actions souscrites, sauf la dérogation contenue
dans l'art. 3. Elle a par là même proscrit la clause statutaire de retraite facultative (1 et 2).

6. — La souscription intégrale du capital social constitue une condition qui doit être accomplie rigoureusement

(1) Est nulle la société dont les statuts portent qu'il sera aussitôt après
la constitution créé des obligations pour rembourser tout ou partie des
actions, cette clause devant avoir pour effet d'amoindrir immédiatement le
capital social annoncé comme devant former la garantie des tiers. (Cass.,
22 nov. 1869 ; S. 70, 1, 55.)

(2) D'après la loi-anglaise (art. 38, n° 4), chaque actionnaire répond
pour le tout du montant des actions souscrites ; elles demeurent nominatives jusqu'à leur entière libération (Conf. loi belge, art. 42 et 40, al. 2),
et le projet italien (art. 164, al. 2). Ces deux législations exigent qu'on
publie tous les ans les noms des actionnaires en retard d'effectuer leurs
versements, le nombre et le montant des actions annulées et non remises en
circulation.

Dans la loi suisse, les actions peuvent être émises au porteur après le
versement de cinquante pour cent de la valeur nominale. Jusqu'au versement intégral de 50 0/0 de la valeur nominale, le souscripteur d'une action reste tenu d'une manière absolue, encore qu'il ait transféré ses droits
à un tiers et que celui-ci ait assumé à sa place l'obligation de payer.
Même après le versement de 50 0/0, le souscripteur ne peut être personnellement libéré qu'autant que les statuts primitifs le permettent expressément (art. 636) et l'article 637 ajoute : Même dans ce dernier cas, le
souscripteur reste tenu des versements non effectués jusqu'à concurrence de

dans son entier. Dans le cas où le capital social ne serait pas entièrement souscrit, le capital statutaire pourrait, avec le consentement de tous les souscripteurs, être réduit au montant du capital souscrit, cela n'est pas contestable; mais la réduction du capital statutaire pourrait-elle être votée obligatoirement par la majorité des souscripteurs? Cette question doit être résolue par la négative. Mais que décider au cas où les statuts contiendraient une clause portant que la majorité des souscripteurs pourrait voter la réduction du capital statutaire au montant du capital souscrit? A notre avis, cette clause serait pleinement efficace, car, dans le cas où une pareille clause est écrite dans les statuts, la souscription qui implique l'adhésion aux statuts équivaut, pour chaque souscripteur, à une renonciation au droit de se retirer de la société pour défaut de souscription intégrale du capital social. C'est à tort qu'on argumente en sens contraire, en se basant sur l'arrêt de la Cour de Paris du 29 mars 1856. Cet arrêt n'a rien décidé de contraire à ce que nous soutenons, puisqu'il a été rendu dans une espèce où les statuts ne contenaient point la clause dérogatoire dont il s'agit.

7. — Les souscriptions sont recueillies par le gérant ou par les fondateurs de la société qui doivent clore la souscription dès que le capital social est couvert (1).

la valeur nominale de l'action, si la société tombe en faillite dans l'année qui suit la libération par lui obtenue.

D'après le code allemand, les statuts peuvent dire que le souscripteur cessera d'être garant des versements ultérieurs après versement de 40 p. 100.

(1) D'après la loi anglaise (art. 8, 9 et 10), la loi belge (art. 31) et le projet italien (art. 127), les statuts ou les prospectus doivent porter fixation d'un terme, à l'expiration duquel les souscripteurs cessent d'être tenus si

§ 2. — *Versement du quart.*

La meilleure preuve que les souscriptions sont sérieuses est que les souscripteurs versent immédiatement tout ou partie des actions souscrites. On a jugé qu'il était généralement inutile d'astreindre les souscripteurs à verser dans les caisses de la société le montant des actions parce qu'une partie des fonds versés pourrait demeurer improductive. D'autre part une pareille exigence aurait été nuisible au développement des associations. La loi a fixé un minimum qui doit être versé pour la constitution de la société ; ce minimum est fixé au quart de chaque action souscrite (1).

8. — Cette disposition de la loi a une cause économique. Elle a été établie, comme les diverses dispositions qui se rattachent au fractionnement du capital social, à la forme

la société n'est pas arrivée à se constituer. Le projet italien veut que les prospectus fassent connaître la personne qui présidera la première assemblée générale, qui est celle dans laquelle on procède à la constitution définitive.

(1) Aux termes de l'instruction ministérielle réglant les conditions auxquelles était subordonnée l'approbation des statuts des sociétés anonymes, les souscripteurs de l'acte social devaient composer au moins le *quart en somme* du capital réel ; l'ordonnance portant approbation fixait le délai dans lequel le surplus des souscriptions devrait être complété ; mais la mise provisoire en activité n'était accordée qu'en justifiant de ce versement du *quart en somme.*

Au point de vue de la quotité du versement, notre loi se montre très exigeante. La loi belge se contente du versement de 1/20 (art. 29); la loi allemande, de 1/10 (art. 209). Le projet définitif italien exige le versement des 3/10 et la loi suisse (art. 622) de 1/5.

Spécialement en ce qui concerne les sociétés d'assurances, la loi alle-

et à la négociabilité des actions, dans le but de réfréner l'agiotage qui s'exerce au début de toute société par actions sur des titres d'une valeur incertaine, alors surtout que ces titres sont délivrés contre un faible acompte. Le but de tous ceux qui spéculent sur les actions d'une société nouvelle est de faire monter la cote au-dessus du pair ; cette surélévation de la valeur nominale d'un titre s'appelle *prime*. Or, ainsi que le faisait observer M. Daru (Moniteur du 16 février 1845), les primes croissent d'autant plus vite que le premier appel de fonds est moindre. Une hausse de 25 francs au-dessus du pair, égale au vingtième seulement de l'action de 500 francs, correspond à un bénéfice de moitié relativement à un versement de 50 francs.

Étant admis que l'agiotage doit être réprimé, la disposition légale qui assujettit les souscripteurs au versement du quart de chaque action souscrite était certainement très sage et suffisamment efficace. — Cette disposition, inspirée par la proposition de M. Daru, fut inscrite dans la loi de 1856.

9. — Il n'est pas nécessaire que la souscription et le versement du quart soient simultanés ; mais il y a un inconvénient à ne pas exiger le versement du quart à l'appui des souscriptions car le retard apporté par le souscripteur à effectuer le versement fera reculer l'époque de la constitution de la société. On insère généralement dans les statuts une

---

mande prescrit le versement de 1/5 ; le projet définitif italien se contente du versement de 1/10 de chaque action. Notre loi soumet les sociétés d'assurances au versement du quart exigé d'une manière générale pour la constitution de toute société par actions ; mais elle prescrit le versement d'un capital de garantie qui ne pourra être moindre de 50,000 fr., même pour une société dont le capital serait inférieur à 200,000 fr. (Règl. du 22 janvier 1868, art. 2.)

clause portant que, huitaine après une mise en demeure infructueuse, la souscription sera considérée comme non avenue.

10. — Nous avons dit que le versement du quart doit être effectué par chaque souscripteur sur le montant de chaque action souscrite (1).

Il s'agit là d'un versement individuel et non d'un versement en bloc. Le versement doit être effectué en argent ou en valeurs d'un recouvrement incontestable et immédiat qui peuvent être considérées comme des écus, telles que billets de la banque de France ou bons du trésor public; le versement ne pourrait pas être fait en valeurs de crédit. En effet, abstraction faite des chances de non recouvrement des valeurs, même les plus sûres, comme le versement n'est fait au gérant et aux fondateurs qu'à titre de mandataires de la société, ceux-ci n'ont pas qualité pour

---

(1) En Angleterre, on délivre aux souscripteurs un certificat (*scrip*) qui représente le droit de devenir actionnaire, mais n'emporte pas l'obligation de l'être.

Dans la loi anglaise, le souscripteur n'est tenu d'effectuer aucun versement pour la constitution de la société. Il suffit que chaque souscripteur s'engage à verser son apport au cas de liquidation. C'est ce qui a lieu pour les sociétés *limited by guarantee*, n'ayant pas leur capital divisé en actions. Ces sociétés sont relatives à l'assurance mutuelle des navires appartenant aux associés et à tout ce qui s'y rattache.

En Allemagne, l'obligation d'effectuer un versement préalable pour la constitution date de la loi du 11 juin 1870. La commission de Nuremberg était opposée à l'établissement de cette règle, depuis vivement attaquée par la Société d'économie politique de Leipzig. (Voir notamment les articles de MM. Wiener, Goldschmidt et Beherend.)

(1) Dans une proposition de loi déposée le 7 février 1882, MM. Laroche-Joubert, Roy de Loulay, Cuneo-d'Ornano, André (Charente) et René Gauthier ont proposé de subordonner la constitution de la Société au versement intégral des actions au-dessous de 500 fr.

accepter des valeurs de crédit, au lieu de numéraire, pas plus qu'ils ne peuvent autoriser les souscripteurs à se libérer en factures ou mémoires de fournitures ou de travaux fournis ou à fournir, ce qui équivaudrait en somme à se libérer au moyen d'un jeu d'écritures (1).

Le versement du quart peut s'effectuer par la compensation légale. Cela est formellement admis par la jurisprudence (Cass., arrêt du 27 janvier 1873).

11. — La règle est que le versement du premier quart doit être effectuée en numéraire. La stipulation insérée dans une souscription que le souscripteur effectuerait son versement en valeurs de portefeuille, en fournitures ou travaux ne serait pas opposable aux autres actionnaires, ni aux tiers. Il s'agirait ici d'un apport en nature occulte non approuvé conformément à l'art. 4, et ce défaut d'approbation entraînerait la nullité de la société, le souscripteur demeurant néanmoins tenu d'effectuer le payement en espèces. (Aix, 13 août 1860; — Rec. rej. 24 juin 1868.)

Que si la clause relative au mode de versement autre qu'un versement en espèces était, écrite dans les statuts, elle entraînerait la nullité de la société, même si elle était publiée, parce que le capital incertain n'est point un capital intégralement souscrit.

12. — En général le capital social se compose d'un capital en numéraire et d'apports en nature ; on entend par

(1) Un arrêt de la Cour de Paris (5 août 1869, S. 70, 2, 33) a déclaré responsable comme les gérants ou les fondateurs et solidairement avec eux vis-à-vis des autres actionnaires, par application de l'article 1382, l'actionnaire qui s'était libéré de son apport au moyen d'une compensation frauduleuse, se rendant ainsi complice et bénéficiaire de la fraude des gérants.

ces mots tout ce qui peut servir à l'entreprise sociale, abstraction faite du numéraire ou des valeurs assimilables. Un matériel d'exploitation, un brevet d'invention, une concession de travaux, un immeuble, le droit au bail, sont des apports en nature. Ces apports sont souvent effectués par les fondateurs de la société : tel était le cas général prévu par l'article 7 de la loi de 1856. Qu'ils soient faits par les fondateurs ou par des associés, les apports en nature sont désignés et évalués par les statuts de la société. L'évaluation qui leur est donnée s'impute jusqu'à concurrence de cette valeur sur le chiffre fixé comme représentant le capital social. Le surplus de cette valeur est le capital à souscrire, pour lequel on fera appel au public. Mais l'évaluation des apports en nature faite par les fondateurs n'est que provisoire. Tous les associés qui ont souscrit des actions représentées par du numéraire et qui ont effectué le versement du premier quart doivent être appelés à se prononcer sur cette évaluation. Nous expliquerons plus loin dans quelle forme et sous quelles conditions l'approbation peut être valablement consentie. Les apports sont acquis à la société et font partie du fonds social à partir du moment où leur valeur a été approuvée.

13. — Après ces courtes observations, nous entrons dans l'examen de la question de savoir si le versement du premier quart peut être effectué autrement qu'en numéraire. La solution de cette question présente un réel intérêt dans le cas où ceux qui font des apports en nature ont en même temps souscrit des actions qu'ils veulent libérer pour le premier quart par imputation de la valeur de l'apport en nature. On appelle actions *mixtes* les actions représentant

pour partie un apport en nature et pour partie un versement à effectuer en numéraire.

La première chambre civile de la Cour de Paris n'admet
pas la validité de cette combinaison, « parce que les apports
en nature représentent toujours nécessairement des actions
libérées ; en conséquence est nulle la société dans laquelle
les apporteurs ont employé leurs apports en nature à la
libération du quart des actions qu'ils ont prises.» (Arrêt du
4 avril 1881, S. 81-2-102).—La Chambre correctionnelle de
la même Cour a, au contraire, reconnu la validité de cette
combinaison en la subordonnant toutefois au versement du
quart en argent à effectuer sur la fraction des actions qui
est représentée par du numéraire. (Arrêt du 18 février
1881, S. 81-2-97).

14. — En rapprochant les motifs de l'arrêt de la première Chambre de ceux de l'arrêt correctionnel, on constate une grande analogie dans les motifs qui ont dicté ces
deux arrêts, contradictoires en apparence. La Chambre
correctionnelle a pensé qu'il était juste, pour atténuer les
conséquences de cette combinaison propre à masquer la
fraude, d'astreindre les actions mixtes au versement du
quart sur la fraction de l'action espèces. Outre les arguments de texte, l'arrêt fait valoir cette considération que
toute société qui se fonde doit avoir un fonds de roulement
en numéraire. La Chambre civile trouve le remède insuffisant et déclare la combinaison illicite. Reste à examiner si
ces décisions peuvent se justifier en droit. La Chambre civile tire des articles 1, 4 et 25, cette conséquence que les
apports en nature ne peuvent être représentés que par des
actions entièrement libérées. La Chambre correctionnelle
qui, aux articles invoqués, ajoute l'article 30, n'arrive pas

à la même conclusion. En somme, l'argumentation des deux arrêts est basée sur le sens des mots *versement* et *actions souscrites* contenus dans la règle posée dans l'article 1ᵉʳ, et dans les deux, le mot *versement* est entendu dans le sens de payement en argent. Voici, en substance, la théorie admise par la Chambre civile : « Etant admis que les apports en nature représentent des actions entière-ment libérées, si vous obtenez un nombre d'actions plus élevé que celui qui est la représentation des apports en nature, le surplus des titres constitue des actions *souscrites* sur lesquelles la loi prescrit le *versement* du quart (en *numéraire*). Vous ne pouvez pas prétendre libérer les actions d'un quart par l'apport en nature, car d'un côté la loi prescrit un versement en numéraire pour les actions souscrites et que, d'un autre côté, la loi n'admet pas la libération pour un quart seulement de l'action attribuée en représentation d'un apport en nature. Donc, cela est illicite. Comme on voit, ce raisonnement ressemble beaucoup à un cercle vicieux. On admet, pour raisonner, que l'apport en nature représente toujours des actions entièrement libé-rées (1).

15. — Voici les articles invoqués. L'article 4 exige que la valeur des apports en nature soit approuvée par une majorité comprenant le quart des actionnaires et représen-tant le quart du capital social en numéraire ; ceux qui ont fait l'apport en nature demeurent exclus du vote. Cet ar-ticle établit une distinction profonde entre les souscrip-teurs d'actions de numéraire et les apporteurs. Il ressort de cet article qu'il faut que le quart au moins des action-

_____

(1) En ce sens M. Guillery (nᵒˢ 508 et 510).

naires d'une société en commandite ait souscrit uniquement des actions de numéraire et n'ait aucun apport à faire approuver. Il est admis que les actions souscrites par les associés qui font des apports en nature ne comptent pas pour la détermination du quart social en numéraire, alors qu'ils ont souscrit des actions représentant uniquement du numéraire. — Mais peut-on tirer de là rien qui puisse faire décider que les actions ne peuvent pas être libérées pour partie en nature, et pour partie en numéraire ?

Quant à l'article 25, qui parle du *versement du quart du capital qui consiste en numéraire*, il faut reconnaître qu'il est étranger à la question ; les mots « du *capital qui consiste en numéraire* » ne doivent pas être détachés du membre de phrase auquel ils tiennent et que voici : « postérieurement à l'acte qui constate la souscription du capital social et le versement du quart du capital, qui consiste en numéraire ». Or cet acte, qui est la déclaration notariée, ne peut pas constater autre chose, étant admis que la déclaration notariée est exigée uniquement pour le capital souscrit et représentant du numéraire (1). Cet article ne pose pas une règle absolue, il ne serait pas nécessaire de constater par acte le versement du quart du capital social si ce capital était composé uniquement d'apports en nature effectués immédiatement.

16. — Ces textes ne suffisent donc pas à établir le principe posé par l'arrêt que les apports en nature représentent toujours et obligatoirement des actions entièrement libérées. Quant à l'argument tiré du sens restreint du mot versement et qui est commun aux deux arrêts, nous allons

(1) M. Labbé (Sirey, 1881, p. 7).

voir dans l'exposé de la théorie imaginée par la Chambre correctionnelle qu'il n'est pas mieux fondé. Voici, du reste, le raisonnement sur lequel s'appuie l'arrêt rendu par cette Chambre : « L'action libérée de moitié, consistant pour partie en un apport en nature et pour partie en numéraire, représente tout à la fois deux éléments du capital social dont chacun est soumis à des exigences différentes. Son élément en numéraire ne saurait échapper à l'obligation qui l'atteint en principe, d'être réellement *versé* dans les conditions imposées à toutes les *actions souscrites.* » Le jugement confirmé explique le sens du mot *versé* : « Le mot *versement* employé dans l'article 1er et répété dans les articles 2, 14, 15 et 25 est, aussi bien que le mot *payement* employé dans l'article 3, exclusif d'un payement fait autrement qu'en espèces ou tout au moins en valeurs acceptées comme espèces dans la pratique; la remise d'objets quelconques autres que des espèces ne constitue ni un versement ni un payement, mais une dation en payement qui ne satisferait pas au vœu de la loi. Sur le sens des mots *actions souscrites*, il est dit que cette expression s'applique d'une manière générale à toutes les actions obtenues en échange d'une somme versée ou promise, ou, en d'autres termes, à toutes les actions qui consistent en un apport en numéraire, et qu'aucun doute ne peut s'élever à cet égard lorsqu'on voit le législateur se servir indifféremment, pour exprimer la même pensée, des mots *actions souscrites* (art. 1er) ou de ces formules équivalentes : le capital social en numéraire (art. 4), le capital qui consiste en numéraire (art. 25), les apports non soumis à vérification (art. 30).

Après avoir ainsi défini le sens des termes, le jugement conclut que la règle de l'article 1er est générale et absolue, qu'elle s'applique à toutes les actions souscrites sans exception, et qu'à tout apport en numéraire doit correspondre un premier versement en numéraire.

17. — Il ne nous paraît pas que cette conséquence découle aussi naturellement qu'on le prétend, des explications qui la précèdent et dont d'ailleurs l'exactitude est très contestable. A notre avis, la portée de la disposition de l'article 1er se réduit à ceci : toutes les actions émises doivent être libérées d'un quart ; cette libération s'effectuera en numéraire sur les actions *souscrites* et en nature pour les actions *attribuées* en représentation des apports en nature (1).

Nous entendons le mot métaphorique de *versement* dans le sens large qu'a le mot *solutio* en latin. C'est là, suivant nous, le parti le plus logique qu'on puisse tirer de la modification de rédaction qui fait qu'au lieu du « quart de la partie du capital qui consiste en numéraire », notre article dit « versement par chaque actionnaire du quart du montant des actions par lui souscrites (2). »

Pour écarter le sens restreint que l'on voudrait attacher au mot *versement*, à l'effet d'établir que la société ne peut être valablement constituée que par un versement effectué en numéraire, nous dirons avec MM. Beslay et Lauray « que si l'on décide que tout actionnaire doit avant la constitution de la société avoir versé *en espèces* le quart

(1) L'instruction ministérielle du 22 octobre 1817 exigeait pour l'admissibilité de la demande d'autorisation d'une société anonyme que les souscripteurs composassent au moins le *quart en somme* du capital réel, non compris les actions représentant la valeur d'un brevet d'invention ou d'un secret de fabrication.

(2) Le projet du gouvernement, lors de la loi de 1856. portait : « La société ne peut être constituée qu'après la réalisation entre les mains du gérant du quart de la partie du capital social qui consiste en numéraire ».

des actions par lui souscrites, on impose par là même à toute société qui se fonde l'obligation de diviser son fonds social en deux parties, une partie versée en nature et une partie versée en écus, et on exige en outre, réglant le rapport de ces deux parties entre elles, que la seconde soit à l'égard de la première d'un quart au moins. »

Il est à remarquer que la Cour étend la désignation d'*actions souscrites* aux actions attribuées en représentation d'apports pour partie seulement et dont le complément doit être fourni en argent et les soumet pour cette dernière partie aux conditions établies pour les actions souscrites, c'est-à-dire au versement du quart, comme si une action pouvait être *souscrite pour partie* seulement. Mais il est facile de reconnaître que la loi ne réserve pas le mot *souscrit* pour les titres représentant un versement à effectuer en numéraire, pas plus qu'elle n'a employé le mot *versement* dans le sens de payement. Ce sont les termes employés par l'art. 1er qui dit que les sociétés ne peuvent être constituées qu'après la *souscription* de la totalité du *capital* social et le *versement* par chaque actionnaire du quart au moins du montant des actions par lui souscrites. Il faudrait dans le système que nous combattons soutenir que le capital social s'entend uniquement d'un capital en numéraire. Mais si l'on admet avec nous que le capital social représente l'ensemble des facultés, le patrimoine de la société, et qu'il peut consister pour partie en apports en nature, il sera juste de dire que les actions représentant la fraction du capital social qui consiste en apports en nature sont aussi des actions *souscrites* et que l'associé qui fait des apports en nature deviendra par l'approbation définitive de la valeur de son apport souscripteur des actions qui lui seront attribuées en représentation de son apport.

Or, la loi exige de chaque actionnaire le versement du quart
au moins du *montant* des actions par lui souscrites, mais
d'après l'arrêt le mot *versement* est exclusif d'un payement
fait autrement qu'en espèces. Et l'art. 24 porte : « Les actions ou coupons d'actions sont négociables après le versement du quart ». La Cour en tire cette application que,
si les actions sont souscrites seulement pour moitié, elles
seront négociables après le versement de 1/8. L'art. 2 ne
s'appliquerait donc qu'aux actions *soucrites* représentant
un versement à effectuer en numéraire et jamais aux actions représentées par des apports en nature dont la libération pour un quart ne saurait tenir lieu de versement,
mais que la loi aurait affranchies de tout versement par mesure d'exception.

18. — L'arrêt qualifie de dation en payement la remise
d'objets quelconques autres que des espèces et proscrit ce
mode de libération. Il y a là une regrettable confusion. Le
versement des actions ₁espèces ne peut pas être remplacé
par une dation en payement. Cela n'est pas contesté, mais
cela ne s'applique qu'aux actions *souscrites*, dans le sens
étroit du mot. Mais en ce qui concerne les actions repré-
tant un apport en nature, l'art. 1er doit se compléter par
l'art. 4 : les apports sont versés dès qu'ils sont réalisés et
approuvés (1). Par suite de l'approbation de la valeur des
objets apportés les actions qui représentent ces apports
vont se trouver libérées en tout ou en partie par la compensation qui s'opère entre le prix que la société devrait

---

(1) La loi belge et le projet définitif italien exigent le versement sur le
capital en numéraire ; mais, comme nous l'avons vu, le versement exigépar
la loi belge n'est que d'un vingtième du montant de chaque souscription.

payer pour acquérir les apports et le prix que l'apporteur devrait payer pour devenir actionnaire.

Mais on a soutenu que la compensation ne peut pas s'opérer en ce qui touche le premier quart dont le versement doit être constaté par la déclaration qui précède la convocation de l'assemblée générale qui doit statuer sur les apports et que la compensation ne pourrait être invoquée que pour la libération des trois autres quarts. A cela nous répondons que la société n'étant définitivement constituée que par l'approbation des apports en nature, les différentes opérations qui précèdent sont toutes reportées à la même date qui est celle de la constitution définitive. Or à ce moment, c'est-à-dire après l'approbation de la valeur des apports, la compensation s'opère valablement. D'ailleurs la jurisprudence admet que les apports en nature dûment approuvés peuvent être imputés sur le premier quart. (Req., 4 mars 1867, S. 67-1-254, Paris, 28 mai 1869 et req. rej., 27 janv. 1873, S. 70-2-69 et 73-1-163.)

Ainsi donc, dans le système de l'arrêt il faudrait qu'avant la convocation de l'assemblée générale, ceux qui font des apports en nature en stipulant qu'il leur sera délivré un nombre double de la valeur de l'apport d'actions libérées seulement de moitié, et qui s'engagent à effectuer le versement de cette dernière moitié aux époques fixées avec jouissance du terme accordé à tous les souscripteurs, il faudrait, disons-nous, qu'avant la convocation de l'assemblée générale qui doit délibérer sur la valeur des apports, les apporteurs eussent effectué le versement du quart de la fraction de l'action qui représente du numéraire, c'est-à-dire dans l'espèce un huitième du montant de l'action; mais, comme l'a dit M. Lyon-Caen, ce serait obliger l'actionnaire à faire une libéralité à la société. C'est la violation absolue du principe d'égalité qui doit régner entre les actionnaires.

19. — L'arrêt substitue à la règle qui exige le versement par chaque actionnaire du quart au moins du montant des actions par lui souscrites, une autre règle qui peut se formuler ainsi : Il faut effectuer le versement du quart du capital qui consiste en numéraire... et cela pour assurer à la société un fonds de roulement en numéraire. Nous avons signalé le rejet, lors de la loi de 1856, de la disposition du projet du gouvernement qui exigeait *la réalisation entre les mains des gérants du quart au moins de la partie du capital social qui consiste en numéraire,* — disposition qui se trouve écrite dans la loi du 23 mai 1863.— Sous la loi de 1863, l'arrêt de la Chambre correctionnelle eût été parfaitement juridique ; il n'en est pas de même sous le régime de la loi actuelle. La loi ne s'est pas préoccupée d'un fonds de roulement. Que servirait d'avoir aujourdhui un capital en argent dans les caisses de la société, s'il faut le dépenser demain pour payer ce qui aurait pu faire l'objet d'un apport en nature ?

Disons en passant que si la loi s'était inquiétée d'assurer à toute société qui se constitue un fonds de roulement en numéraire, elle aurait pu soumettre toutes les sociétés par actions à une disposition analogue à celle qui exige pour les compagnies d'assurances un capital de garantie d'au moins 50.000 fr., alors même que le capital social est inférieur à 200.000 fr.

20. — Nous n'approuvons pas davantage la considération relevée dans les motifs qui a tout juste la valeur d'une réflexion morale. On a dit dans les deux arrêts que

combinaison des actions mixtes aurait pour effet de diminuer le nombre des souscriptions et de faciliter d'autant la constitution de la société. Nous reconnaissons qu'appliquée par des gens mal intentionnés, cette combinaison peut devenir dangereuse ; mais ce n'est pas une raison pour la proscrire, cela rentre dans le domaine législatif. (1) Nous verrons plus loin que la loi prévoit telle hypothèse où la société pourra se constituer sans appel au public et cette disposition, tout aussi dangereuse a cependant paru répondre à un besoin légitime. On ne doit pas d'ailleurs accroître les difficultés qui entourent la constitution des sociétés par actions. Tout ce qui n'est pas défendu est licite. Nous concluons donc que la combinaison des actions représentant pour partie un apport en nature et pour partie un apport en numéraire est valable et licite et que l'apport en numéraire peut être imputé sur le versement du premier quart. Ajoutons que, la loi ne faisant pas de la solvabilité des souscripteurs une condition expresse pour la régularité de la constitution de la société et n'exigeant des souscripteurs d'actions espèces que le versement du premier quart, la société sera et demeurera régulière alors même qu'au moment de l'appel des trois autres quarts, les souscripteurs seraient insolvables, réserve faite de la poursuite basée sur le dol et la fraude. Or, la loi ne doit pas se montrer plus exigeante pour les actionnaires qui font des apports en nature. Pour la régularité de la constitution de la société la loi se contente d'un versement d'un quart sur chaque action souscrite. Si l'art. 4

(1) Le danger eût été fort atténué par la proposition de M. Saint-Paul, tendant à exiger que la majorité des souscripteurs appelés à voter sur l'approbation des apports en nature représentât la *moitié* du capital social en numéraire.

exige la vérification et l'approbation de la valeur des apports en nature, il n'ajoute rien aux dispositions de l'art 1er. C'est là un nouvel argument en faveur de la validité de la combinaison des actions mixtes (1).

Section II.

Des actions.

§ 1. — *Division du capital social en actions.*

21. — La loi règle la division du capital social en actions.

« Les sociétés en commandite par actions et anonymes ne peuvent diviser leur capital en actions ou coupons d'actions de moins de 100 francs, lorsque ce capital n'excède pas 200,000 francs, et de moins de 500 francs lorsqu'il est supérieur (2). » (Art. 1er, § 31.)

La disposition relative au taux des actions est empruntée à la loi du 17 juillet 1856. Les motifs en sont bien

---

(1) Les décisions contenues dans les deux arrêts de la Cour de Paris ont soulevé de vives critiques. M. Lyon-Caen, dans une note qui accompagne ces deux arrêts dans le recueil de Sirey (S. 1881, 2-97), a établi la validité de la combinaison incriminée et démontré l'inexactitude de la solution admise par la Chambre correctionnelle (voir Rousseau, *Questions nouvelles*).

MM. Vavasseur, n° 527, Mathieu et Bourguignat, n° 45, et Paul Pont, n° 1006, ont admis la validité de la combinaison des actions mixtes, sans traiter la question résolue par la Chambre correctionnelle.

(2) La fixation du taux minimum des actions ne se trouve pas dans les législations belge, anglaise et suisse. La loi allemande du 11 juin 1870 fixe deux taux d'émission, l'un de 50 thalers pour les actions nominatives, l'autre de 100 thalers pour les actions au porteur (la loi allemande a les mêmes défiances que la nôtre pour les actions au porteur). Ce chiffre mi-

connus : on a voulu empêcher les fondateurs de sociétés d'offrir au public des coupons d'actions d'une valeur minime qu'on pourrait prendre comme des billets de loterie destinés à tarir les faibles ressources des gens peu fortunés et souvent peu éclairés. A coté de ce motif, se place le désir de réprimer l'agiotage qui s'exerce sur les titres de faible valeur. Nous voyons cependant que pour les sociétés d'un capital n'excédant pas 200,000 francs, les actions pourraient être de 100 francs, sur lesquels il suffira de verser 25 francs pour la constitution de la société. Mais ici on redoute moins l'agiotage et les fraudes parce que, pour attirer le public, il faut faire des frais considérables que les petites compagnies ne peuvent guère se permettre. Le vice de cet abaissement du taux des actions dans ce dernier cas est que quelquefois ces titres, sur lesquels il suffit de verser 25 francs dès le début, peuvent tomber entre les mains de personnes auxquelles il serait absolument impossible de payer les 75 francs restant dus (1).

22. — La règle sur le taux des actions doit être observée dans le cas où le capital serait réparti en actions de quotité, parce que le danger est le même; il est même plus grand, puisqu'il est moins facile de se rendre compte sur-le-champ

nimum de 100 thalers est exigé pour les actions même nominatives des Compagnies anonymes d'assurances. La violation de ces taux d'émission entraine la nullité de l'action ou de la coupure (art 173, al. 2 et 207 a, al 1). Les actions sont indivisibles (loi allemande, art. 173, 207; loi belge, art. 35, 76; loi suisse, art. 614).

(1) Dans la proposition de loi déjà citée, présentée par MM. Laroche-Joubert, Roy. de Loulay, etc., le 7 février 1882, on exprima le vœu que la loi permît de réduire le minimum des actions à 100 francs, quel que soit le chiffre du capital, et qu'elle exigeât le versement effectif et intégral du montant des actions avant la constitution définitive de la Société, chaque fois qu'on veut émettre des actions inférieures à 500 francs.

Escoffier.   3

de la valeur du titre. Les articles 57 et 66 relatifs à la publication des sociétés, qui exigent que le capital social soit évalué au moins approximativement dans la publication des extraits des statuts, fournissent un moyen facile de s'assurer si la division répond au prescrit de la loi.

Les règles relatives au taux des actions s'appliquent certainement aux actions de jouissance *créées* au cours de la société par voie d'amortissement des actions de capital. D'ailleurs il n'y a dans ce cas qu'un échange de titres; l'action de jouissance porte le chiffre de l'action amortie, et si le porteur d'actions de jouissance n'a droit pendant toute la durée de la société qu'à un coupon de dividende, il conserve cependant son droit au partage du fonds social s'il reste quelque chose à partager. Après que toutes les actions auront été amorties, le partage s'effectuera entre tous les porteurs d'actions de jouissance.

23. — La question présente un autre intérêt lorsque les actions de jouissance sont réparties entre les souscripteurs d'actions de capital pour créer un titre spécial de dividendes. Il y a là une subdivision au titre principal dont l'action de jouissance n'est qu'une dépendance. Par ce procédé on a la disposition de deux titres, car tel est le résultat qu'on a en vue ; mais comme le titre secondaire appelé action de jouissance ou *délégation de revenus* a une valeur quelconque dont se trouve diminué le titre principal, il faudra que l'action de capital ait été établie au-dessus du taux minimum de toute la valeur de l'action de jouissance, autrement la disposition relative au taux des actions serait violée en ce qui concerne les actions de capital, et la combinaison indiquée serait illicite.

On appelle actions industrielles, les actions attribuées à

un associé qui fait un apport en nature difficile à évaluer ;
les actions créées en sus du capital constituent une charge
pour les actionnaires qui leur cèdent une part des bénéfices éventuels.

En ce qui concerne le taux des actions, comme la règle
ne s'applique qu'à la division du *capital social*, ces actions
industrielles, qui ne sont en réalité que des actions de
jouissance, pourront être établies au-dessous du chiffre minimum. Ajoutons qu'à raison du caractère aléatoire et incertain du droit qu'elles représentent, ces actions n'offrent
guère de danger ; ce n'est point sur elles que s'exerce l'agiotage, et les gens que la loi a voulu protéger sont en général
peu enclins à placer leurs capitaux à fonds perdus.

§ 2. — *Forme des actions.*

24. — Au point de vue de la forme, les titres délivrés aux
actionnaires sont nominatifs ou au porteur. Les titres
peuvent aussi être à ordre, mais cette forme de titre est
rare ; la loi ne l'a pas d'ailleurs expressément prévue. Les
titres provisoires d'actions délivrées aux souscripteurs
après le versement du premier quart et la constitution de
la société sont nominatifs. Sous le régime du Code, l'action pouvait être établie dès l'origine sous la forme d'un
titre au porteur. C'était là une faveur dont abusèrent les
sociétés en commandite par actions. La forme du titre au
porteur rendait illusoire la défense faite aux commanditaires de s'immiscer dans les affaires de la société à peine
d'être tenus comme solidairement responsables *in infinitum*; car comment prouver la qualité de commanditaire si
les actions sont au porteur? Devant les désastres qu'en-

traînait l'adoption de la forme du titre au porteur, on mit en question la légalité des titres au porteur dans les sociétés en commandite ; on soutenait que cette forme de société ne comportait pas l'établissement d'actions au porteur (1); mais cette opinion, combattue par la jurisprudence et par la majorité des auteurs, ne prévalut pas.

25. — Les sociétés anonymes dont les statuts devaient être approuvés par le conseil d'État n'étaient guère autorisées à émettre dès le début des actions au porteur, bien que cette clause figure dans quelques statuts approuvés. En général, les statuts portaient que les actions restaient nominatives jusqu'après le versement de moitié du montant de chaque action; des titres nominatifs d'actions étaient généralement délivrés à chaque actionnaire après le versement du quart, quelquefois après le versement des deux premiers dixièmes; il n'y avait pas de règle fixe.

La loi de 1856 qui édictait des mesures prises sur le fait, voulut empêcher dans l'avenir les nombreuses fraudes que masquait la forme de l'action au porteur. Son article 2 porte que les actions resteront nominatives jusqu'à leur entière libération. La loi actuelle pose le même principe, mais elle permet d'y déroger sous les conditions portées dans l'article 3.

---

(1) Dans ce sens, consultation de Dupin aîné et de Persil. En sens contraire, consultation de Devaux (du Cher), Dupin jeune, Odilon Barrot. *Adde* Troplong, n° 147 ; Delangle, n° 502 ; Malpeyre et Jourdain, p. 143 ; Paris, 7 févr. 1832. S. 32, 2, 25.

§ 3. — *Modes de transmission des actions.*

26. — La forme des actions est intimement liée aux modes de transmission des actions. Les modes commerciaux de transmission des actions sont le transfert pour les actions nominatives, la tradition pour les titres au porteur et l'endossement pour les actions à ordre. Les modes de transmission sont généralement déterminés par les statuts. Lorsque les statuts n'ont rien réglé touchant le mode de transfert des actions nominatives, il peut avoir lieu non seulement en conformité de l'article 36 C. com. par une déclaration de transfert inscrite sur les registres de la société et signée de celui qui fait le transport ou d'un fondé de pouvoirs, mais encore par les autres modes du droit commun, comme par une cession par acte authentique ou privé, ou même par endossement.

27. — La question se pose de savoir si la cession par acte authentique ou privé doit être effectuée conformément à l'article 1690 C. c. Contre cette interprétation, on dit : L'article 1690 ne s'applique qu'aux cessions de créance ; or, un titre provisoire d'action n'est pas un droit de créance, c'est un droit *sui generis* (1). Malgré la grande autorité des partisans de ce système, nous pensons que l'article 1690 est

(1) En ce sens M. Beudant (Revue crit., t. XXXIV, p. 134 et s.).
Aux termes de l'art. 1693, celui qui vend une créance doit en garantir l'existence au temps du transport, quoiqu'il soit fait sans garantie. Ici, on peut dire que l'action est un droit de créance *in potestate* qui ne devient *in actu* que s'il y a des bénéfices ou si, lors de la dissolution, il reste un actif à se partager.

ici applicable. Le droit de l'actionnaire est un droit de créance conditionnelle, en ce sens que l'actionnaire a le droit d'exiger les dividendes acquis, le jour où il y aura des bénéfices à partager, et à ce point de vue le droit pour l'actionnaire d'exiger les dividendes acquis se place sur le même rang que le droit pour l'obligataire d'exiger des intérêts. Ajoutons que c'est encore un droit de créance éventuelle, parce que l'actionnaire pourrait exiger le remboursement du capital si l'action venait à être amortie. Au surplus, la question est résolue dans notre sens par les articles 25 et 27 de la loi du 15 juin 1850 sur le timbre des effets de commerce qui prévoyent expressément la cession d'actions en conformité de l'article 1690 du C. c. (1).

28. — En ce qui concerne la transmission par endossement (2), la question de savoir si, dans le silence des statuts, l'endossement peut être considéré comme un mode de transmission, est résolue négativement par M. Vavasseur dont l'opinion est basée sur ce que « le Code de commerce n'indique que deux modes de transmission : la tradition pour l'action au porteur et l'inscription pour l'action nominative, et d'un autre côté sur ce que lorsqu'il autorise en d'autres matières l'endossement, le Code s'en explique formellement comme pour la lettre de change (art. 136), pour le billet à ordre (art. 187), pour le connaissement (art. 281), pour le contrat à la grosse (art. 313). »

(1) Dans ce sens MM. Rataud à son cours, Lyon-Caen et Renault, Précis de droit commercial, p. 185, note 2.

(2) MM. Lyon-Caen et Renault indiquent les avantages du transmission par endossement : l'endossement est plus simple que le transfert pour un titre nominatif et offre plus de sécurité que la tradition pour un titre au porteur, puisqu'un faux est nécessaire pour s'attribuer indûment la propriété du titre. Précis de droit commercial, p. 188, note 6.

Nous ne saurions adopter cette opinion ; suivant nous, l'endossement est un mode de droit commun pour la transmission des valeurs commerciales en général et par conséquent applicable aux actions des sociétés commerciales. La Cour de cassation statuant sur la question en matière fiscale a par son arrêt du 4 décembre 1867, déclaré que l'article 36 du Code de commerce en autorisant la transmission d'actions par le transfert, avait voulu créer un mode nouveau et plus facile de transmission, mais non interdire les autres modes de droit commun (S. 68-1-39) (1).

29. — Dans le transfert opéré conformément à l'article 36 du Code de commerce, le mécanisme de l'article 1690 est bien simplifié. L'inscription de la déclaration de transfert tient lieu de signification à la société et opère transmission de la propriété du titre cédé. Dans la pratique, le titulaire d'une action est porteur d'un certificat de propriété, mais ce n'est pas le titre même de la créance; ce n'est qu'un document ayant pour objet de faciliter les rapports de la société avec les associés, notamment dans la composition des assemblées générales. La cession que le titulaire fait de son certificat d'actions demeure sans influence sur la propriété des actions y mentionnées de deux personnes qui auraient acquis le même titre d'action ces-

(1) Les statuts de la plupart des compagnies de chemins de fer, approuvés par le conseil d'État, excluaient formellement l'endossement et n'admettaient que le transfert comme mode de transmission des titres nominatifs.

La loi suisse (art. 637) dit expressément que la cession des actions nominatives peut avoir lieu par voie d'endossement, mais l'acquéreur doit faire inscrire le transfert sur les registres de la société, qui ne reconnaît comme actionnaire que ceux dont les noms sont inscrits sur les registres.

sible par la voie du transfert, celle-la serait préférée qui aurait la première fait opérer le transfert sur les registres de la société. C'est en violation des règles prescrites pour la validité du transfert qu'on a quelquefois imaginé d'accompagner la cession du titre d'un transfert en blanc. Le transfert effectué dans cette forme, contraire à celle prescrite par l'article 36 du Code de commerce, ne vaut que comme mandat en vue de transporter la propriété des actions à un acheteur, à charge de se conformer à l'article 36 du Code de commerce. De ce qu'il est signé en blanc, il s'ensuit que tant qu'il n'aura pas été révoqué ou déserté, le mandat sera susceptible d'être substitué d'une manière indéfinie par la simple tradition du titre; jusqu'à ce que le mandat ait été rempli par le dernier porteur conformément à l'article 36, l'inscription portée sur le registre de la société continue à produire effet au profit du titulaire. La présomption de propriété demeure en sa faveur et ne peut être détruite que par la preuve contraire à charge du cessionnaire. (Cass., 22 mars 1875, S. 75-1-302, (Cass., 4 juil. 1876.)

30. — L'usage s'est introduit de combiner l'endossement avec le transfert. Nombre de statuts portent que les actions sont transmissibles par endossement, mais que pour avoir effet vis-à-vis de la société, l'endossement devra être soumis à l'approbation et au visa des agents de la société et être inscrit sur le registre dit des transferts. Sur ces données, la jurisprudence admet que l'endossement suffit à lui seul à opérer la transmission, les autres formalités, telles que l'inscription sur le registre des transferts, pouvant être considérées comme de simples mesures d'ordre inté-

rieur destinées à faire connaître à la société les nouveaux titulaires des actions. (Cass., 5 mars 1867, 8 et 15 déc. 1869, 15 mars 1870, S., 67-1-136, 70-1-177, 178, 271).

Nous ne pensons pas que ces décisions puissent être généralisées ; si les statuts ont subordonné la transmission dès titres à l'accomplissement d'une double condition, il n'appartient pas aux tribunaux de décider que l'une de ces conditions est essentielle et l'autre purement accessoire. Les deux conditions connexes doivent être accomplies comme les statuts ont prescrit qu'elles devaient l'être. (Cass., 2 arrêts, 26 janv. 1869.)

Un dernier mode de transmission des actions et le plus expéditif est la tradition pour les titres au porteur (art. 35 du Code de commerce). La règle posée par l'article 35 du Code de commerce se complète par les articles 1138 et 1141 du Code civil. Les titres au porteur peuvent aussi être transmis par endossement.

§ 4. — *Négociabilité des actions.*

31. — Les divers modes de transmission exposés ci-dessus ne sont applicables qu'aux actions négociables. D'ailleurs ce qui caractérise l'action, c'est d'être négociable. Le rapporteur a expressément déclaré que *négociable* signifiait *transmissible par les voies commerciales.* Nous avons vu que la constitution de la société est subordonnée à la souscription de la totalité du capital social et au versement du quart de chaque action souscrite. Pendant la période qui précède la constitution de la société, les souscripteurs n'ont entre les mains qu'un récépissé nominatif de leur versement non négociable. L'article 2 dispose : « Les actions

ou coupons d'actions sont négociables après le versement du quart. » On a dit que cette disposition avait un sens de prohibition. Ce n'est point notre avis. L'article 3 de la loi de 1856 avait une forme de prohibition, c'est vrai ; cet article portait que les actions ne seraient négociables qu'après le versement des 2/5 alors que la société était régulièrement constituée après le versement du quart ; mais la loi actuelle a fait disparaître cette anomalie ; les actions sont négociables après le versement du quart exigé pour la constitution de la société. Il faudra que le versement du quart ait été effectué par chaque actionnaire sur toutes les actions par lui souscrites ; il n'y a donc pas lieu de s'arrêter à l'opinion que les actions deviendraient négociables au fur et à mesure des versements (1), puisqu'alors les actions seraient négociables avant que la société eût été constituée, ce qui serait contraire au vœu de la loi qui, en réglant les conditions de la négociabilité des actions, s'est uniquement préoccupée de l'idée de réprimer l'agiotage qui s'exerce sur les titres d'une société en voie de constitution. A notre avis, les actions ne seront négociables qu'après la déclaration notariée que la loi exige des gérants et fondateurs, bien que la société ne soit pas encore définitivement constituée. Sur ce point, nous complétons la disposition de l'article 2 par l'article 14 qui n'incrimine que

---

(1) MM. Beslay et Lauras (n° 255) prétendent que « le Corps législatif n'a pas entendu proscrire de négocier des actions d'une société dont toutes les actions auraient été libérées d'un quart, mais dont le gérant n'aurait pas fait la déclaration prescrite par l'article 1er ».

Les actions sont négociables dans la loi belge après le versement de 1/5 (art. 40), dans la loi et le projet italiens après le versement des 3/10 également exigé déjà pour la constitution de la société. Dans la loi suisse, les actions sont négociables après le versement de 1/5 également exigé pour la constitution de la société (622).

les négociations d'actions dont la valeur ou la forme serait contraire aux dispositions des articles 1, 2 et 3 de la présente loi. Les récépissés nominatifs délivrés aux souscripteurs qu'on est dans l'usage d'échanger après la constitution définitive de la société contre des titres provisoires d'actions nominatives, deviennent négociables après la déclaration notariée.

32. — Le sens de la disposition relative à la négociabilité des actions se complète par l'exposé des circonstances et des causes qui ont fait introduire cette disposition dans la loi.

Historique. — Cette disposition remonte à une origine déjà ancienne. Lorsqu'on créa les premières lignes de chemins de fer, de nombreuses compagnies se formèrent pour réunir des souscriptions et se mettre à même de soumissionner la concession de ces lignes.

Aux souscripteurs ces compagnies délivraient des récépissés. Si la société parvenait à se constituer, ce récépissé était un titre de promesse d'action; dans l'incertitude de savoir si la société arriverait à se constituer, ce récipissé était un certificat de dépôt. Il y eut un agiotage effréné sur ces récipissés. Comme ils n'étaient pas cotés à la Bourse, les opérations s'effectuaient par l'intermédiaire des coulissiers (1).

Pour couper court à l'agitation que ces négociations de

---

(1) Jusqu'à cette époque, la coulisse ne s'était occupée que des rentes françaises.

Jugé que la vente par la coulisse constitue une négociation commerciale (Cas. civ., rej. 12 août 1851) et prohibée (Orléans, 17 août et 16 novembre 1848).

valeurs incertaines avaient imprimée au marchée, M. Daru présenta une proposition ayant pour objet d'interdire la formation des sociétés antérieurement à la loi admettant l'adjudication ou la concession directe des lignes de chemins de fer. La commission de la Chambre des pairs proposait au contraire de frapper d'indisponibilité les titres remis aux souscripteurs avant la constitution de la société. Cette dernière proposition prévalut ; de là les articles 8 et 10 de la loi du 15 juillet 1845 autorisant le gouvernement à concéder l'exécution du chemin de fer du Nord.

« Art. 8. — Les récépissés de souscription ne sont pas négociables.

« Art.10.—La compagnie adjudicataire ne pourra émettre d'actions ou promesses d'actions négociables avant de s'être constituée en société anonyme dûment autorisée conformément à l'art. 37. C. com. »

Depuis, ces dispositions furent insérées dans toutes les lois relatives aux sociétés formées pour l'exécution et l'exploitation des chemins de fer. Mais plus tard ces conditions

---

(1) Aux termes des articles 13 de la loi du 15 juillet 1845 et 2 de la loi du 10 juin 1853, la négociation des promesses d'actions constituait un délit de la part de l'agent de change qui prêtait son ministère à cette négociation. Était également interdite la publication de la valeur de ces promesses d'actions et punie des mêmes peines : amende de 500 fr. à 3.000 fr.

Aux termes de l'art. 4 du décret du 6 février 1880 sur la négociation en France des valeurs étrangères, les actions *admises à la cote* ne peuvent être moindres de 100 fr. lorsque le capital des entreprises n'excède pas 200,000 fr., ni moindres de 500 fr. si le capital est supérieur. Elles doivent être libérées jusqu'à concurrence d'un quart. En dehors de ces conditions, les titres des sociétés étrangères peuvent être négociés par les agents de change à titre officieux. D'après l'art. 6 du décret du 22 mai 1858, abrogé par le décret de 1880, il était interdit aux agents de change de prêter leur ministère à la négociation des valeurs étrangères, tant qu'elles n'étaient pas admises à la cote. Cette interdiction n'a pas été rappelée par le décret de 1880.

furent reconnues insuffisantes. Aussi, lors de la concession de la ligne du Grand-Central, de Lempdes, Périgueux et Montauban et de celle du chemin de fer de Sceaux à Orsay, le gouvernement ajouta à la loi de 1845 en interdisant aux compagnies concessionnaires de négocier en France leurs actions avant le versement des deux premiers cinquièmes de chaque action. La même interdiction est portée dans le décret de concession du chemin de fer de Lyon à Genève.

Cette disposition passa textuellement dans la loi de 1856, art. 3 (1).

33. — Après que la loi de 1856 eut étendu la disposition ci-dessus aux sociétés en commandite par actions, se posa la question de savoir s'il fallait appliquer à la négociation des promesses d'actions émanées des sociétés anonymes en général les dispositions que la loi avait édictées à l'égard des actions des compagnies de chemins de fer. La question fut unanimement résolue dans le sens favorable à la liberté. (Cour de Lyon, 29 mai 1849, S. 50-2-25.)

Cet arrêt explique que « rien ne démontre mieux la spécialité tout exceptionnelle de la prohibition en ce qui concerne les promesses d'actions de chemins de fer, que le rejet par la Chambre des pairs d'une proposition faite par M. Daru de généraliser cette prohibition et de l'étendre à toutes les sociétés dont le capital serait divisé en actions négociables. »

34. — La portée de la prohibition se limitait à la négo-

(1) Dans les statuts de ces dernières compagnies, on trouve une clause portant que des titres nominatifs d'actions négociables par la voie du transfert sont délivrés aux actionnaires après le versement de 200 fr. Ces titres nominatifs seront échangés contre des titres au porteur après un deuxième versement de 50 fr.

ciation par les voies commerciales, sans qu'il y eût lieu de la restreindre à la transmission par endossement, comme semble l'avoir décidé un arrêt de la Cour d'Orléans du 19 février 1848 (S. 48-2-666).

C'est par une fausse application de la loi qu'un arrêt de la Cour de Paris du 20 novembre 1848 (S. 48-2-739) a décidé que «la cession, même par la voie civile, des promesses d'actions de chemins de fer, est nulle, lorsque la compagnie qui les a émises n'est pas devenue adjudicataire du chemin de fer et alors même qu'elle se-serait fondue dans la compagnie adjudicataire. » L'annotateur de cet arrêt dans le recueil de Sirey l'approuve par des considérations peu juridiques. « Bien que la décision de la Cour de Paris puisse être considérée comme une *interprétation extensive de la prohibition textuellement écrite* dans l'art. 8 de la loi de 1845, nous inclinons à penser que cette interprétation rentre dans l'esprit général de cette loi qui a eu pour but de mettre un frein à la fureur de l'agiotage et des jeux de bourse sur les actions des chemins de fer (1). » (En sens contraire, Paris, 31 juillet 1852, S. 52-2-690.)

35. — Nous passons à l'examen d'une question qui, outre l'intérêt rétrospectif, présente un intérêt actuel, à savoir: quelles sont, au point de vue du droit d'action, les

(1) La solution contenue dans cet arrêt se trouve être conforme à la théorie soutenue par M. Duvergier dans son annotation de la loi du 17 juillet 1856 (Lois, 1856, p. 340). M. Duvergier proposait de décider que la transmission par les modes du droit civil était prohibée, parce que s'il en était autrement, le souscripteur d'un grand nombre d'actions pourrait, en les cédant par les modes du droit civil, se procurer des voix amies dans les assemblées générales constitutives. L'opinion de M. Duvergier, qui n'était pas suivie sous la loi de 1856, a été abandonnée par le savant annotateur lui-même lors de la discussion de la loi de 1867.

conséquences résultant de la violation de la disposition qui interdit la négociation des titres d'une société non constituée.

Dans les décisions de la jurisprudence éclate une divergence d'appréciation.

Dans un premier système on a jugé que la négociation de promesses d'actions non négociables constituait une véritable opération de jeu, de sorte qu'on refusait toute action en répétition des sommes payées et même des valeurs données en garanties, si elles avaient été appliquées au payement. (Paris, 5 décembre 1849 et 16 juillet 1851.)

Tel n'est point le système adopté par le tribunal de commerce de la Seine (17 décembre 1845) et par la Cour de cassation. La Cour suprême déclare que toute négociation de promesses d'actions est radicalement nulle et rend nul aussi le nantissement en autres valeurs intervenu à son occasion, et que dès lors on ne saurait considérer le dépôt de ces valeurs en mains tierces, à titre de garantie, comme un payement anticipé du prix des actions ou promesses d'actions, objet du marché, ni appliquer à une telle opération formellement interdite par la loi le principe d'après lequel, en matière de jeu ou de pari, les sommes qui ont été volontairement payées ne sont pas sujettes à répétition. (Cass., ch. civ., 21 février 1853.)

Le système de la Cour de cassation est logique et rentre parfaitement dans l'esprit de la loi.

SECTION III.

Conditions extrinsèques. Rédaction des statuts. Déclaration notariée et pièces annexées.

§ 1ᵉʳ. — *Statuts sociaux.*

36. — La loi ne se contente pas d'un simple prospectus; elle exige un acte social, un fonds d'engagement qui assure à l'entreprise des actionnaires véritables, c'est-à-dire des capitalistes consentant à exposer une somme déterminée en vue des bénéfices qu'ils espèrent retirer de l'entreprise. La loi prescrit la rédaction des statuts de la société par acte authentique ou sous seing privé. — Aux termes de l'art. 40. C. com. les sociétés anonymes ne pouvaient être formées que par des actes publics (1). A ce point de vue, la disposition de l'article 1ᵉʳ de notre loi constitue une innovation. L'acte sous seing privé, quel que soit le nombre des associés, sera fait en double original. — Pour ce qui était des sociétés en commandite, avant la loi de 1856, la jurisprudence admettait facilement qu'il suffisait de deux originaux pour toutes les parties (Req., 20 décembre 1830 ; Cass., 28 février 1844.) Mais l'institution des conseils de surveillance, création de la loi de 1856, avait fait naître un doute sur la question de savoir s'il ne fallait pas dresser l'acte en triple original, le conseil de surveillance pouvant

(1) La loi allemande (art. 174 et 208), la loi anglaise (art. 14), la loi belge (art. 4) et le projet définitif italien (art. 86) exigent un acte authentiqué pour les sociétés par actions.

être considéré à divers points de vue comme ayant un intérêt distinct de celui des autres associés.— La loi de 1867 a décidé qu'il suffisait de deux originaux qui, vu leur destination, répondent désormais à toutes les exigences.

37. — Les bulletins de souscription sont recueillis par les gérants ou fondateurs avec le versement du quart sur chaque action.

§ 2. — *Déclaration notariée.* — *Pièces annexées.*

Une fois le capital entièrement souscrit et le quart versé, les gérants ou fondateurs doivent passer devant notaire une déclaration constatant l'accomplissement de ces deux conditions fondamentales. La loi ne fixe pas de délai pour faire cette déclaration (1).

Le notaire qui reçoit la déclaration ne fait que prêter son ministère de rédacteur sans qu'il soit tenu d'aucune vérification et sans que sa responsabilité soit engagée à raison des erreurs ou des inexactitudes que pourrait commettre le déclarant ; seulement le notaire, pour se conformer au vœu du législateur, devra rappeler au déclarant les graves conséquences qui dérivent d'une fausse déclaration. Si c'est la seule raison qui a fait admettre la déclaration notariée,

---

(1) Les souscriptions peuvent demeurer indéfiniment ouvertes, la loi n'ayant fixé aucun délai pour la convocation de la première assemblée.

La loi belge fixe un délai de trois mois pour la convocation de la première assemblée, à partir de la date de la rédaction des statuts ; le projet définitif italien, de quinze jours de la date de l'ouverture de la souscription. D'après la loi belge (art. 32, al. 1) et la loi allemande (art. 209, al. 1), la première assemblée générale se tient devant le notaire qui a dressé l'acte constitutif.

Escoffier.   4

dans la pratique la déclaration notariée répond à une nécessité mieux définie. En effet, à l'appui de la déclaration
notariée, les gérants ou fondateurs produiront la liste des
souscripteurs, l'état des versements effectués et l'un des
doubles de l'acte de société, s'il est sous seing privé, ou
une expédition de cet acte s'il est notarié et s'il a été passé
devant un autre notaire que celui qui reçoit la déclaration.
Toutes ces pièces demeureront annexées à l'acte de déclaration. La déclaration notariée et les pièces déposées à
l'appui, notamment l'acte de société, constituent des documents permettant d'établir si la société a été régulièrement
constituée.

38. — Puisque la loi prescrit, pour la régularité de la
constitution, la souscription intégrale du capital social et
le versement du quart des actions souscrites, il était nécessaire que l'accomplissement de ces deux conditions pût
être constaté d'une façon sûre et inaltérable. On avait émis
le vœu que le notaire chargé de recevoir la déclaration fût
tenu d'en constater la sincérité. Cette manière de voir a été
écartée. Il suffit que la sincérité de la déclaration, ou son
inexactitude, puisse être facilement établie par les pièces
qui doivent être annexées à la déclaration notariée. La
déclaration notariée aurait pu être remplacée par un acte
au greffe (1); l'essentiel était qu'on pût à tout moment s'assurer de l'accomplissement des conditions fondamentales.
Les fondateurs de société jouissent d'une entière liberté;
ils peuvent déclarer accomplies des conditions qui ne le

(1) Le projet définitif italien (art. 90) veut que l'acte constitutif d'une société par actions soit, par les soins et sous la responsabilité du notaire qui
a reçu l'acte, déposé au greffe du tribunal civil pour que ce tribunal, après
avoir *vérifié* l'accomplissement des conditions établies par la loi, ordonne,

sont pas et constituer une société entachée de nullité radicale ; il faut seulement que, quel que soit le sort de la
société, on puisse toujours, en remontant à son origine,
s'assurer si elle a été régulièrement constituée (1).

La déclaration sera reçue en minute, le notaire devant
plus tard en délivrer expédition pour la publication.

39. — Parmi les pièces qui doivent être annexées à la déclaration et demeurer déposées chez le notaire qui a reçu la
déclaration, figure l'acte de société. A ce sujet on peut dire

après avoir entendu le ministère public et en avoir délibéré en la chambre
du conseil, la transcription au greffe et la publication des statuts (Vidari.
Società, n° 666).

Dans le même sens, d'après le code espagnol, les statuts doivent être
soumis à l'examen du tribunal de première instance (art. 293).

Dans la loi allemande, le tribunal intervient pour ordonner la transcription de l'acte constitutif sur le registre du commerce (Loi du 11 juin 1870,
art. 211).

Dans la loi anglaise, les statuts des sociétés à responsabilité limitée doivent être enregistrés, après examen, à un bureau spécial dépendant du
board of trade (acte du 9 août 1862, art. 17 et 18). Ce système est également suivi par la loi suisse (art. 621) : « Les statuts doivent être remis en
original ou en une copie dûment certifiée, au fonctionnaire préposé au
registre du commerce. »

(1) La première assemblée se tiendra devant notaire si l'acte constitutif
doit être passé en la forme authentique (loi belge, art. 32, al. 1 ; loi allemande, art. 209, al. 1). Les fondateurs qui ont convoqué l'assemblée doivent fournir tous les documents nécessaires pour établir que les conditions
prescrites par la loi ont été observées, pour qu'on puisse procéder à la constitution de la société (Vidari. *Società*, n° 891).

Jusque-là, il n'y a qu'un projet de statut. L'assemblée peut le discuter et
le modifier lorsque des réserves ont été faites dans les souscriptions. Si le
projet a été accepté sans réserve par les souscripteurs, il demeure définitif
(loi allemande, 209, a), projet italien (132, n. 2).

La loi belge (art. 32, al. 2) reconnaît même dans ce cas, à la majorité
de l'assemblée, le droit, sinon de modifier les statuts, du moins de repousser
en bloc les statuts acceptés sans réserve par les souscripteurs. Cela ne paraît
guère ni logique, ni juridique.

que la prescription de la loi aux termes de laquelle l'acte sous-seing privé sera régulier s'il est fait en double original se complète par la destination imposée aux deux originaux de l'acte sous-seing privé: l'un restera déposé au siège social, à la disposition des gérants et des administrateurs; l'autre sera déposé chez le notaire qui reçoit la déclaration et servira à tous les actionnaires, qui pourront toujours se le faire communiquer. Les autres pièces qui doivent être annexées à la déclaration sont : la liste des souscripteurs et l'état des versements. Au point de vue de la forme, ces deux pièces peuvent être fondues en un seul état ou tableau. Il est facile de se rendre compte de la nécessité du dépôt de la liste des souscripteurs. Si cette liste n'avait pas dû être produite, les gérants ou fondateurs auraient pu passer sans tarder la déclaration notariée, sauf à porter sur la liste les noms des souscripteurs à mesure qu'ils se seraient présentés. La nécessité d'un *état* des versements répond au prescrit de la loi qui exige le versement du quart des actions souscrites par chaque actionnaire. Il s'agit donc d'un état nominal de tous les actionnaires. Chacun d'eux doit être suffisamment désigné; cela est dit expressément en ce qui concerne les actionnaires des sociétés anonymes à propos de la liste qui doit être déposée pour la publication. Notre loi n'exige pas, comme la loi anglaise, que les listes contiennent les adresses des souscripteurs. Cela présente une grande utilité, notamment en cas de poursuite des premiers souscripteurs, pour défaut de payement du montant de leur souscription.

40. — La sincérité de la déclaration des gérants ou fondateurs sera vérifiée par le premier conseil de surveillance pour les sociétés en commandite par actions et par la pre-

mière assemblée générale pour les sociétés anonymes, avec
cette différence que cette vérification entraîne la responsabilité du conseil de surveillance, au lieu que l'assemblée
générale d'une société anonyme n'assume aucune responsabilité. Nous verrons que cette responsabilité retombe sur
les premiers administrateurs.

41. — La déclaration notariée est-elle exigée même dans
le cas où tout le capital social consisterait en apports en
nature? Nous pensons que dans ce cas la déclaration
notariée est inutile; en effet, la société deviendra irrévocablement propriétaire des apports en nature à partir du
moment où la valeur qui leur a été donnée aura été vérifiée
et approuvée par l'assemblée générale des actionnaires. On
comprend que, quand il s'agit d'actions souscrites, devant
être libérées par des versements à effectuer en numéraire,
la loi prenne la précaution qui consiste à exiger des fondateurs de la société la déclaration que le capital est intégralement souscrit et que le versement du quart est effectué
par chaque actionnaire sur les actions par lui souscrites; il
s'agit de savoir si les engagements irrévocables contractés
par les souscripteurs sont sérieux et s'ils ont été suivis
d'un commencement d'exécution. Ces conditions sont
étrangères à la constitution de la société par des apports
effectués en nature. Mais nous admettons, même dans
ce cas, la nécessité du dépôt chez un notaire du double de
l'acte social sous-seing privé. (En ce sens, M. Labbé,
Sirey, 1881, p. 7). La déclaration notariée ne constitue
pas la société, ni aucune formule solennelle. La société sera
constituée quand toutes les conditions auront été remplies.
Les conditions fondamentales seront constatées par la

déclaration notariée, comme les autres le seront par les procès-verbaux des assemblées générales (1).

41 bis. — La souscription d'actions dans une société commerciale constitue-t-elle un acte de commerce et soumet-elle le souscripteur à la juridiction commerciale? Cette question, toujours controversée, est aujourd'hui résolue par la jurisprudence dans le sens de l'affirmative (2). La solution qui prévaut admet que la souscription d'actions est un acte isolé de commerce pour lequel le souscripteur peut être cité devant le tribunal de commerce; le souscripteur est obligé commercialement, mais il n'est pas pour cela commerçant. Contre cette solution on a dit : Le type de l'acte de commerce est l'achat en vue de bénéfices sur la revente; or, les souscripteurs d'actions se bornent à fournir les fonds, c'est-à-dire le moyen de faire le commerce, mais ils ne font qu'un placement de leur argent. D'autre part, la loi déclare commerciales les obligations contractées par un commerçant pour les causes relatives à son commerce (art. 632 C. com.); mais ceci ne peut pas s'étendre aux souscripteurs d'actions d'une société en commandite par actions, puisque leur nom n'est pas connu des tiers. Ces arguments peuvent se réfuter par cette considération que le commanditaire est dans la société jusqu'à concurrence de la somme par lui promise; il n'est obligé que

(1) La constitution de la société résulte du procès-verbal de la séance de l'assemblée générale auquel on annexe la liste des souscripteurs et l'état des versements dûment vérifiés (loi belge, art. 32 ult. alin.).

D'après le projet italien (art. 134) l'acte constitutif, authentique ou sous seing privé, est dressé à la suite du procès-verbal de l'assemblée constituante.

(2) Cass. req., 3 mars 1863, S., 1863, 1, 137; Paris, 8 août 1866, S., 67, 2, 101, contra, Angers, 8 janv. 1865, S., 65, 2, 211.

limitativement, tandis que le commandité est obligé *in infi-nitum*, mais il n'y a là qu'une différence de *quantum;* le commanditaire n'en est pas moins associé, et comme tel la nature commerciale de son obligation est une consé-quence de la nature des actes de la société (1). Pour ce qui est du souscripteur d'actions d'une société anonyme, on peut dire que les souscripteurs sont les mandants des admi-nistrateurs qui font des actes de commerce si la société est commerciale (2).

41 *ter*. — Les dispositions relatives au capital social émis à l'origine sont-elles applicables à l'émission d'actions nou-velles? Cette question est controversée. Un premier point hors de contestation est que les règles concernant le taux et la forme des actions sont obligatoires. Le taux des actions de la deuxième émission sera établi eu égard à la totalité du capital social, c'est-à-dire en additionnant le capital primitif et le capital d'accroissement; la consé-quence sera peut-être que la société aura des actions de taux différents, ce qui est un inconvénient.

L'assemblée générale des actionnaires ne peut pas voter une augmentation de capital en l'absence d'une clause expresse insérée dans les statuts, de sorte que la décision de l'assemblée qui vote une augmentation de capital social n'est pas obligatoire pour les actionnaires demeurés étran-gers à cette décision.

(1) En ce sens MM. Rataud à son cours, Vavasseur, n° 353.
(2) L'action en responsabilité intentée par les actionnaires contre les membres du conseil de surveillance est une action entre associés de la compétence du tribunal de commerce. Il en est autrement de l'action in-tentée par les créanciers sociaux (Angers, 3 juin 1875); mais la Cour de cassation admet que les tribunaux de commerce sont également compé-tents (Ch. civ., 26 mai 1869, S., 69, 1, 403).

Quant à la question qui nous occupe, savoir si le capital d'augmentation doit être intégralement souscrit et le quart versé et si les appoints en nature doivent être approuvés conformément à l'art. 4, on a proposé de distinguer, selon que l'augmentation a ou n'a pas été prévue par les statuts; dans ce dernier cas seulement, on admet la nécessité de soumettre l'émission d'actions nouvelles aux conditions requises par les articles 1, 2, 3 et 4, par la raison « que le personnel devant se composer, outre les anciens associés, des nouveaux souscripteurs, une nouvelle société est constituée ». (M. Pont, n°s 816 et s.)

Presque toujours les statuts prévoient l'augmentation du capital social en cas de prompt succès de l'entreprise; — nous pensons que toutes les émissions d'actions nouvelles sont soumises aux articles précités.

La principale objection invoquée par les partisans du système opposé au nôtre consiste à dire : Voilà une société bien constituée à l'origine, dans un état prospère, et si elle veut augmenter son capital, elle devra arrêter ses affaires pendant le temps de la souscription et jusqu'à ce qu'on ait versé le quart des actions nouvelles, à peine de nullité ! Mais les conditions prescrites par la loi ne sont exigées que pour la constitution de la société, et cela parce que c'est surtout à l'origine des sociétés qu'il faut saisir l'agiotage; mais la société qui fait appel au capital d'accroissement, en usant d'une faculté réservée par les statuts, ne doit pas être soumise aux mêmes mesures, car celle-ci a un passé qui parle pour elle ou contre elle et l'on peut être assuré que, suivant que sa situation sera jugée bonne ou mauvaise, ses actions nouvelles trouveront des souscripteurs sérieux ou seront délaissées (M. Pont, *op. cit.*)

Le fondement de cette objection nous paraît reposer sur

une idée inexacte. Nous n'admettons pas que la nécessité
de la souscription intégrale du capital social soit exigée
uniquement contre l'agiotage. Nous en dirons autant de la
vérification des apports en nature. La question de la répression de l'agiotage est une question de police générale
qui pourrait être résolue ailleurs que dans une loi sur les
sociétés par actions. La nécessité de la souscription intégrale du capital d'accroissement ne peut pas être contestée
parce qu'elle répond à cette règle que les tiers ne doivent
pas être induits en erreur par des manœuvres frauduleuses.
Nous trouvons, dans l'argumentation dont nous avons reproduit ci-dessus la substance, cette considération : « Voilà
une société qui fait appel à de nouveaux capitaux et il
faudrait que le capital complémentaire fût souscrit en totalité, *ce qui n'arrivera peut-être jamais*, et que chaque
nouveau souscripteur eût versé le quart du montant des
actions par lui souscrites, *ce qui pourra se faire plus ou
moins attendre !* C'est inadmissible... » (M. Pont.) Pour
nous, ce qui est inadmissible c'est qu'on puisse avoir l'i-
dée d'annoncer au public que telle société au capital de
dix millions a élevé son capital à vingt millions, et qu'on
puisse se dire que les dix millions de capital d'accroissement *ne seront peut-être jamais souscrits.* Il y a quelque
chose de plus impérieux que la nécessité de réprimer l'a-
giotage, c'est d'assurer l'exécution des conventions. Et à ce
point de vue nous ne pouvons qu'approuver l'arrêt de la
Chambre civile de la Cour de cassation des 30 décembre
1872 et 27 janvier 1873 (S. 73-1-163) qui a cassé l'arrêt
de la cour de Paris du 28 mai 1869 (Dal. 69-2-145 et note
de M. Griolet). Nous devons nous expliquer sur la nullité
qui dérive de l'inobservation des règles constitutives en
ce qui concerne le capital d'accroissement. Il ne s'agit pas

ici d'une nullité radicale, mais d'une nullité restreinte aux actes et délibérations ayant pour objet l'accroissement du capital social. Si la souscription n'a pas été couverte, si ces actions sont négociées avant la constitution de la société, la société reste ce qu'elle était avant ces actes ; tout ce qu'on avait prétendu y greffer se trouve invalidé. La nullité a les mêmes effets que ceux dont il est question à l'art. 61 (M. Bourguignat, note sur l'arrêt des requêtes du 8 mars 1876, S. 76-1-409). Il n'est pas question de suspendre les opérations de la société, mais ces opérations ne doivent pas prendre une extension subite en vue du capital nouveau, tant qu'il n'est pas intégralement souscrit.

Il n'est pas nécessaire que le montant des actions anciennes ait été entièrement versé, il suffit du quart. C'est la conséquence du rejet par le conseil d'Etat, lors de la loi de 1856, de la proposition faite par M. Langlais (de la Sarthe), au nom de la commission du Corps législatif, de subordonner, lorsque le capital serait divisé en séries, l'émission d'une serie au versement intégral des actions de la série précédente.

DEUXIÈME PARTIE.

Rôle et attribution des assemblées générales d'actionnaires.

42. — La constitution de la société passe par deux phases
distinctes. Nous avons exposé les conditions dont l'accomplissement doit être rapporté par les gérants ou fondateurs.
Après la déclaration notariée les agents primitifs n'ont
plus qu'un pouvoir d'initiative. En face des gérants et des
fondateurs se trouvent les souscripteurs composant les
assemblées générales d'actionnaires, dont la décision est
souveraine en ce qui concerne la constitution de la société,
aussi bien dans la société en commandite que dans la société anonyme. Aux assemblées générales demeure réservée l'approbation de la valeur des apports en nature et de
la cause des avantages particuliers. Dans les sociétés
anonymes, la première assemblée générale est en outre
appelée à vérifier la sincérité de la déclaration notariée
faite par les fondateurs (art. 24). Cette dernière attribution
rentre dans le pouvoir de contrôle. Comme il s'agit ici des
conditions fondamentales de la constitution, il a paru juste
que ce contrôle fût réservé à l'assemblée générale des
actionnaires qui, dans la société anonyme, sont seuls
maîtres de l'entreprise sociale. Les assemblées générales

sont, d'autre part, chargées d'organiser la gérance de la société. Ceci encore s'applique exclusivement aux sociétés anonymes, car dans les sociétés en commandite, la gérance est établie par les statuts de la société. Celui qui a pris l'initiative d'une société en commandite par actions a entendu demeurer maître de l'affaire sociale. C'est aux souscripteurs à se renseigner sur les aptitudes et la moralité du gérant qui s'impose. Il en est autrement des sociétés anonymes ; lorsque les fondateurs auront obtenu la souscription intégrale et le versement du quart, et que ces conditions auront été rapportées dans la déclaration notariée, les fondateurs disparaîtront pour faire place aux administrateurs dont la nomination appartient à l'assemblée générale des actionnaires, à moins d'une clause formellement contraire contenue dans les statuts. Mais il appartient exclusivement aux assemblées générales de désigner les membres du conseil de surveillance qui exercent le pouvoir de contrôle auprès du gérant dans les sociétés en commandite par actions, et les commissaires de surveillance investis d'un pouvoir analogue auprès des administrateurs des sociétés anonymes.

Pour ce qui est de la vérification des apports en nature et des avantages particuliers, les dispositions contenues dans la loi sont basées sur ce principe que tout ce qui a pour effet de rompre l'égalité entre les actionnaires ne doit être admis qu'après mûre réflexion. Le droit pour les actionnaires de nommer les administrateurs en l'absence d'une clause contraire insérée dans les statuts tient à ce qu'il est de l'essence de la société anonyme qu'elle soit administrée par un ou plusieurs associés à qui les autres actionnaires délèguent leur pouvoir d'administration. Nous verrons qu'à ce point de vue, s'il est permis aux associés de choisir un ou plusieurs administrateurs, ils ne peuvent cependant nommer que des associés. Il va de soi que le pouvoir de contrôle établi auprès des administrateurs et des gérants émane du choix des associés réunis en assemblée générale, puisqu'il s'agit là d'un pouvoir chargé de protéger les associés contre les écarts de la gérance. Etant donné d'un côté le pouvoir exorbitant dont jouissent les gérants et de l'autre l'obligation que la loi fait aux commanditaires de ne pas s'immiscer dans les rapports de la société avec les tiers, il a paru juste qu'un pouvoir de contrôle établi auprès des gérants veillât sur les intérêts des associés. La même réflexion s'applique, au moins d'une façon générale, à la nomination des commissaires des sociétés anonymes. Mais la mission des commissaires est de beaucoup moins étendue que celle des conseils de surveillance, de même que le pouvoir des administrateurs est beaucoup plus restreint que celui du gérant, parce que dans la société anonyme les actionnaires demeurent toujours maîtres de l'entreprise, ils n'abdiquent pas le pouvoir d'administrer, ils le confèrent seulement temporairement à quelques-uns d'entre eux.

SECTION I.

Vérification et approbation des apports en nature et des avantages particuliers.

43. — Nous avons déjà eu l'occasion de dire ce qu'on entend par apport en nature; les avantages particuliers se présentent sous des formes diverses. Il y a avantage parti-

culier au profit du gérant ou des fondateurs qui se font
délivrer des actions libérées en payement des services rendus à la société, ou qui stipulent le prélèvement d'un tant
pour cent sur les bénéfices. Il y a aussi les jetons de présence attribués aux membres des conseils de surveillance
ou d'administration. En général, des avantages particuliers sont stipulés au profit des gérants ou fondateurs,
mais ils pourraient l'être aussi au profit d'un simple actionnaire.

Il est facile de reconnaître que les apports en nature et
les avantages particuliers, effectués ou stipulés au profit de
quelques-uns des associés, rompent l'égalité qui doit régner
entre les associés ; en conséquence ils doivent être connus
et approuvés par tous les associés. Pour cela il suffirait
que ces apports et avantages fussent détaillés et appréciés
dans les statuts. Mais la pratique a démontré que les
souscripteurs ont rarement recours aux statuts ; ils souscrivent sur un simple prospectus et s'inquiètent souvent plus
des chances de prospérité de la société que des éléments
qui composent le fonds social. Pris individuellement, les
actionnaires n'auraient souvent ni les moyens ni même le
désir de s'assurer de la valeur des apports en nature. Pour
ce qui est des avantages particuliers stipulés au profit des
gérants ou fondateurs, il est encore plus vrai de dire que
jamais les souscripteurs n'auraient l'idée d'aller interroger
les gérants ou fondateurs sur l'importance des avantages
particuliers. Aussi, avant la loi de 1856, on avait largement
abusé du silence du Code sur ces points.

Historique. — 44. — Les graves désordres qui s'étaient
produits avaient éveillé l'attention des législateurs. Divers
systèmes furent mis en avant pour réprimer ces abus. Dans

un premier système, on proposait de décider que les apports
des gérants dans la société en commandite ne pouvaient
jamais être représentés par des actions. Ce système fut repoussé, d'abord parce qu'il parut arbitraire, et ensuite parce
que la disposition édictée contre le gérant seulement était
bien trop facile à tourner. Un second système voulait que les
apports autres que ceux en immeubles ou en meubles
corporels ne fussent représentés que par les actions *industrielles* ne donnant droit au partage des bénéfices qu'a-
près le payement des intérêts servis aux versements réels,
et ne prenant part que dans l'excédent du fonds social lors
de la dissolution. Ce système fut également écarté. On
proposa alors de décider que les actions représentant des
apports en nature ne pourraient être négociées qu'après
un ou deux inventaires de la société en bénéfice ou seulement après une ou plusieurs années de durée de la société, ou même encore que les apports en nature ne seraient
représentés que par des actions de 5,000 francs. Tous ces
systèmes étaient également défectueux, tous portaient sur
les *actions ;* c'était n'envisager qu'un côté de la question
et l'envisager du mauvais côté ; car tous ces projets de
réglementation portaient atteinte au crédit des sociétés.
Nous réservons notre approbation pour le projet de loi
présenté par la commission de 1838 (1). Ce projet exigeait

(1) C'est le système admis par la loi belge (art. 31 et 32), du moins en
principe.

Pour les apports en nature, voici le système admis par la loi belge
(art. 31, al. 1), la loi allemande (art. 80 et 209, b) et le projet italien
(art. 132, n. 1). Il faut distinguer : si la valeur de l'apport a été déterminée
par le projet des statuts ou insérée dans les prospectus ; dans ce cas, l'assemblée générale n'a qu'à accepter ou à refuser sans pouvoir discuter cette
évaluation ; si la valeur n'a pas été déterminée, l'assemblée nomme un ou

la convocation des souscripteurs devant notaire, pour délibérer sur la rédaction de l'acte constitutif de la société et
sur l'évaluation des apports, telle qu'elle devait être inscrite dans l'acte. Le notaire dressait procès-verbal de la
délibération qui, pour être valable, devait-être signée par
un certain nombre d'actionnaires ayant versé d'avance le
cinquième de leurs actions. Le contrat ne devenait définitif
que par la signature de la majorité des souscripteurs ayant
pris part à la delibération et réunissant plus de la moitié
du capital de la commandite en numéraire. La commission
s'était placée sur le vrai terrain de la question. On ne
s'y maintint pas tout d'abord lors de la discussion de la
loi de 1856. Le projet du gouvernement, sans s'occuper de
chercher le moyen de rendre les fraudes impossibles au
moment de la constitution de la société, se bornait à déclarer que tout intéressé pourrait demander contre celui
qui avait fait l'apport la réparation du dommage à lui
causé par l'exagération de cet apport, sans préjudice de
toute autre action pour fait de dol. On voit le vice de ce
projet duquel il résulte que le législateur se désintéresse
de la question et en remet la solution aux tribunaux ; sans
parler de la difficulté qu'il y aura, après deux ans écoulés depuis la publication de la société, à s'assurer de la valeur que
pouvaient avoir les apports en nature, et si cette valeur a
été exagérée de plus de moitié, car telles étaient les conditions de l'action en réparation du dommage ; il faut recon-

plusieurs experts pris parmi les souscripteurs pour en déterminer la valeur ;
ceux qui ont fait ces apports demeurent définitivement liés, sans avoir le
droit de contredire l'évaluation des experts. La loi suisse (art. 619) a adopté
le système qui se rapproche de celui suivi par notre loi. La valeur des
apports est fixée par les statuts ; elle doit être approuvée par l'assemblée
générale ; la majorité doit être du quart des actionnaires représentant le
quart du capital social. Chaque souscripteur d'actions n'a qu'une seule voix.

naître que le projet du gouvernement ne répondait en aucune façon au but que le législateur devait se proposer, qui était de réglementer la constitution des sociétés par actions, de manière à entraver tous les projets de fraude. Il fallait empêcher les sociétés de se constituer dans une pensée de fraude, et le projet du gouvernement tolérait toutes les fraudes, sauf aux intéresés à en poursuivre la répression devant les tribunaux. Ce qu'on demandait, c'était pour ainsi dire une *loi de sûreté* pour les sociétés. Le système adopté par la loi de 1856 est inspiré de celui de la commission de 1838. Il consiste à mettre les souscripteurs en mesure de se prononcer avec indépendance et en connaissance de cause. Les mesures répressives sont ici insuffisantes, il faut des mesures préventives. Partant de cette idée, la loi de 1856 et notre loi actuelle ont admis la nécessité d'une double convocation de l'assemblée générale des actionnaires, et la mise à la disposition des actionnaires d'un rapport imprimé sur la valeur et l'importance des apports en nature et des avantages particuliers. On peut reprocher au système qui prévaut de permettre aux souscripteurs de se délier à leur gré de leur engagement ; mais cette objection est bien affaiblie par la considération que la volonté des souscripteurs ne produit effet que si elle est celle de la majorité des actionnaires composant l'assemblée générale. D'ailleurs on peut dire que les associés qui font des apports en nature sont en quelque sorte des vendeurs, et à ce point de vue il est au moins équitable que les associés ne se prononcent qu'en pleine connaissance, et sur la chose apportée et sur le prix.

45. — Sur les *formalités* et les *conditions* dont l'accomplissement est exigé pour la vérification et l'approbation des

apports en nature et des avantages particuliers, l'art. 4 dispose : Il y a lieu de convoquer une première assemblée générale qui fait apprécier la valeur de l'apport ou la cause des avantages stipulés. Les experts désignés par cette première assemblée générale font un rapport qui sera imprimé et tenu à la disposition des actionnaires, cinq jours au moins avant la réunion d'une deuxième assemblée générale qui sera convoquée pour se prononcer définitivement sur l'apport ou les avantages. Voilà pour les formalités. En ce qui concerne les conditions qu'on peut qualifier d'intrinsèques exigées pour la validité des délibérations, il est dit d'abord que les délibérations seront prises par la majorité des actionnaires présents. A propos des sociétés anonymes, l'art. 30 exige, pour la régularité de la composition de l'assemblée, que les actionnaires présents représentent au moins la moitié du capital social.

46. — L'article 4, sans s'expliquer sur la composition de l'assemblée générale pour une société en commandite, porte que la *majorité* des actionnaires présents, par laquelle doit être prise la délibération, doit comprendre le quart des actionnaires et représenter le quart du capital social en numéraire (1). En sorte que l'assemblée générale serait valablement composée du quart des souscripteurs représentant le quart du capital social en numéraire, si la déli-

(1) La nécessité de produire un rapport imprimé constitue une innovation dans la loi actuelle. Sous la loi de 1856, non seulement aucun rapport n'était exigé, mais les deux assemblées générales pouvaient être réunies successivement le même jour. Actuellement, les deux assemblées sont séparées par un délai de six jours au moins.

Au point de vue de la composition des assemblées générales, les lois italienne, belge et allemande ne font aucune distinction entre les assemblées générales constitutives et les assemblées postérieures ; tout sera réglé par les statuts.

bération était prise à l'unanimité des suffrages. Seulement la loi est certainement plus exigeante pour la société en commandite par actions que pour la société anonyme ; car, si dans la société en commandite on n'obtient pas du premier coup la majorité exigée, il faut renoncer à constituer la société, au lieu que pour la société anonyme, la loi dispose que, si l'assemblée générale ne réunit pas un nombre d'actionnaires représentant la moitié du capital social, elle ne pourra prendre, il est vrai, qu'une délibération provisoire, mais ces résolutions provisoires deviendront définitives, après avoir été publiées deux fois à huit jours d'intervalle dans l'un des journaux désignés pour recevoir les annonces légales, si elles sont ensuite approuvées par une assemblée générale qui sera convoquée dans le mois de la date de la deuxième insertion, à condition que la deuxième assemblée soit composée d'un nombre d'actionnaires représentant le cinquième au moins du capital social. (Art. 30.)

Tous les actionnaires, même ceux qui font des apports en nature ou qui ont stipulé des avantages, comptent pour le calcul du quart des actionnaires composant la majorité par laquelle la délibération sera valablement prise, s'il s'agit d'une société en commandite. Nous n'avons pas à faire une semblable observation à l'égard des sociétés anonymes, puisque, pour la validité de la délibération, on ne s'inquiète pas du nombre des actionnaires ; il suffit qu'ils représentent la moitié du capital social non soumis à vérification.

47. — Il importe de remarquer que l'article 4 et l'article 30 se servent d'expressions différentes pour désigner le capital social qui doit être représenté par les actionnaires appelés

à voter. L'article 30 parle du capital composé *d'apports non soumis à vérification*. L'article 4 parle du *capital social en numéraire*. Faut-il entendre ces deux expressions dans le sens littéral, ou faut-il décider au contraire que l'expression dont s'est servi l'art. 30, *apport non soumis à vérification*, n'est que l'équivalent de l'expression *capital social en numéraire* dont on s'est servi dans l'article 4 ? La question ainsi posée présente un grand intérêt au point de vue de savoir si l'associé qui fait un apport en nature doit demeurer exclu du droit de voter sur l'approbation d'un apport en nature autre que le sien; c'est-à-dire, étant donnés deux associés qui font des apports en nature, dont l'approbation fera l'objet de deux délibérations distinctes, chacun des apporteurs est-il exclu des deux délibérations ou seulement de celle qui le concerne? L'article 30 fournit un argument sérieux pour décider que chacun des apporteurs n'est exclu que de la délibération relative à son apport, mais la lettre de l'article 4 semble résister à toute interprétation extensive. Faut-il voir là une différence de plus à ajouter à celles que nous avons déjà relevées? Nous ne le pensons pas. Il est impossible de justifier cette distinction ; *ubi eadem ratio, ibi eadem lex*. Nous sommes conduit à décider que les termes dont s'est servi l'article 4 se réfèrent au cas le plus fréquent qui est celui où il y a d'un côté un capital en numéraire et de l'autre une *seule classe* d'apports en nature.

48. — Là où la distinction éclate entre la société en commandite et la société anonyme, c'est au sujet du nombre des actionnaires composant la majorité par laquelle la délibération doit être prise ; nous avons vu que la société anonyme ne contient aucune disposition relative au nombre des actionnaires ; elle dispose seulement que les action-

naires composant l'assemblée générale doivent représenter la moitié du capital social non soumis à vérification pour que l'approbation puisse être valablement donnée par la première assemblée convoquée à cet effet, ou seulement le cinquième du capital social, si, à défaut d'un nombre suffisant d'actionnaires, il y a lieu de convoquer une deuxième assemblée. L'article 4 ne vise que les conditions que devra remplir la majorité qui approuvera les apports ou les avantages. Cette majorité devra comprendre le quart des actionnaires et représenter le quart du capital social en numéraire.

Dans les sociétés anonymes, vu la faculté d'établir dans les statuts une proportion entre le nombre des voix et le nombre d'actions, sauf la limitation au maximum de dix voix fixé par la loi (1), le nombre des actionnaires qui constitueront la majorité peut être assez restreint. Dans les sociétés en commandite au contraire, il faut d'abord que la majorité comprenne le quart des actionnaires; chacun d'eux n'a qu'une voix, quel que soit son chiffre d'actions, de sorte que la victoire appartient au nombre de têtes, à moins que les dissidents ne représentent plus des trois quarts du capital social en numéraire.

La fraction de capital social qui est d'un quart du capital en numéraire pour les sociétés en commandite et de la

---

(1) La loi belge dispose que nul ne peut avoir, fût-il actionnaire et mandataire en même temps, un nombre de voix plus élevé que le cinquième des actions émises ou les deux cinquièmes des actions représentées (art. 61, al. 2). La loi anglaise dit que chaque actionnaire a une voix par action jusqu'à dix, une voix de plus par cinq actions jusqu'à cent, et une voix par dix actions au-dessus de cent (art. 44). La loi suisse (art. 640) dit que tout actionnaire, même pour une seule action, a une voix, et qu'un seul actionnaire ne peut avoir plus du cinquième des voix des membres présents.

moitié du capital représenté par les apports non soumis à
vérification pour les sociétés anonymes doit être déterminée, abstraction faite de la valeur des apports soumis à
vérification.

49. — Les délibérations doivent être prises par la majorité des actionnaires *présents* ; ajoutons ou *représentés*. Il
n'y a pas à s'inquiéter d'un abus possible signalé, lors de la
loi de 1856, par M. Chasseloup-Laubat, consistant dans la
cession par le souscripteur d'un certain nombre d'actions à
divers en vue de créer une majorité dans les assemblées générales. Cette cession, si elle est frauduleuse, c'est-à-dire si elle
n'est pas sérieuse, tombe sous l'application de l'art. 13 de
notre loi. Le danger signalé par M. Chasseloup-Laubat est
réel pour ce qui concerne les sociétés en commandite où
chaque actionnaire porteur d'une seule action a une **voix**,
comme celui qui est titulaire de cet actions ou plus.

Ajoutons que les actionnaires peuvent être représentés,
dans le silence des statuts, même par des individus étrangers à la société (1).

50. — Les conditions exposées ci-dessus ne s'appliquent
qu'aux délibérations prises par la deuxième assemblée
statuant sur la valeur des apports et des avantages particuliers, car la première assemblée n'a eu qu'a désigner la

---

(1) Le désir d'exclure des assemblées générales les agents d'affaires a
fait établir qu'on ne peut choisir qu'un associé pour mandataire. Ainsi dispose la loi anglaise, art. 49 (no person shall be appointed a proxy who is
not a member of the company). En outre, le mandat doit avoir été donné
trois jours avant celui où l'assemblée doit se réunir. Pour les assemblées
tenues au cours de la société, la loi anglaise dispose que nul ne peut voter
dans une assemblée d'actionnaires s'il n'est titulaire des actions depuis un
délai de trois mois avant la convocation de l'assemblée.

commission chargée de procéder à la vérification. Disons que cette première assemblée est absolument libre de prescrire les mesures d'appréciation qu'elle jugera nécessaires; elle peut ne nommer qu'un seul expert, étranger ou associé. Les membres présents à l'assemblée peuvent entendre les explications des apporteurs ou de ceux qui réclament des avantages particuliers, se renseigner par tous les moyens; mais, pour qu'on soit absolument certain que cette vérification ou enquête a été faite, la loi prescrit la rédaction d'un rapport par écrit; elle ajoute que ce rapport sera imprimé et tenu à la disposition des actionnaires cinq jours au moins avant la réunion de la deuxième assemblée.

Le droit et l'obligation de faire apprécier la valeur des apports ou la cause des avantages particuliers constitue une attribution propre à l'assemblée générale des actionnaires qui adoptera à la majorité des actionnaires présents le mode de vérification qu'elle jugera à propos. Ce droit ne pourrait pas être enlevé à l'assemblée générale des actionnaires par une clause des statuts qui aurait fixé d'avance le mode de vérification.

51. — Tous les souscripteurs doivent être convoqués par les gérants ou par les fondateurs, qui ont une liste des souscripteurs (1). La convocation pourrait également être faite à la diligence des apporteurs ou de ceux qui ont sti-

(1) Nous estimons cependant qu'il y a lieu d'appliquer, même à cette première assemblée, la règle que les associés qui ont fait l'apport ou stipulé des avantages particuliers soumis à l'appréciation de l'assemblée, n'ont pas voix délibérative, parce que ces associés seraient trop intéressés à faire adopter tel ou tel mode de vérification ou d'appréciation.

La convocation des souscripteurs se fait d'après le mode prévu aux statuts et généralement par la voie des journaux.

pulé des avantages, puisque leur responsabilité peut être engagée par le défaut d'approbation en assemblée générale et qu'ils peuvent être tenus de verser en espèces le montant de leurs actions ou du moins le complément du montant de leurs actions, déduction faite de la valeur de l'apport dont la vérification pourrait été ordonnée par la justice sur la poursuite des créanciers de la société, et cela sans que les apporteurs astreints au versement supplémentaire puissent exercer leur recours contre les membres du conseil de surveillance. (Rej., 24 juil. 1861 et 10 mai 1869, S. 61-2-147 et 70-1-391.)

52. — La tenue de la première des assemblées générales appelée à statuer sur l'approbation des apports se place après la déclaration notariée constatant la souscription intégrale et le versement du quart ; rien cependant ne s'opposerait, suivant nous, à ce que, du moins pour la société en commandite, l'assemblée générale statuât sur les apports et sur les avantages particuliers avant la déclaration notariée. Cette solution est douteuse pour les sociétés anonymes, parce que l'art. 24 dit de la déclaration notariée qu'elle est soumise avec les pièces à l'appui à la *première assemblée générale* qui en vérifie la sincérité.

53. — Les seuls apports en nature soumis à l'approbation sont ceux que les souscripteurs d'actions se proposent de céder à la société en payement des actions par eux souscrites. Dès que la société est constituée, il ne saurait plus être question d'approbation d'apports en nature. Le gérant et les administrateurs ont seuls qualité pour faire les achats reconnus nécessaires, sauf l'obligation de rendre compte. Le prix des achats faits après la constitution de la société pourrait même être représenté par des ac-

tions à créer en vue de l'augmentation du capital social, si cette augmentation étant prévue aux statuts n'entraînait pas la dissolution de l'association et si la société qui profitait de l'acquisition était celle-là même qui l'avait faite. (Arrêt de la cour d'Aix, du 9 avril 1867 et rej. du 11 mai 1870, S. 70-1-425.)

On ne pourrait pas conclure des termes restrictifs de l'art. 4 : « les apports soumis à la vérification sont ceux qui ne consistent pas en numéraire », qu'il y ait lieu de faire approuver les apports faits en valeurs ou effets commerciaux d'un recouvrement sûr et facile.

54. — Il n'y a pas davantage sujet à approbation dans la clause des statuts portant que les actionnaires qui libéreront de suite leurs actions jouiront d'un avantage quelconque, parce que cet avantage est offert à tous les actionnaires. Pour ce qui est du traitement du gérant, on est d'accord pour reconnaître qu'il est soumis à approbation quand il consiste en un tant pour cent sur les bénéfices, mais il y a controverse sur le cas où ce traitement consiste en une somme fixe. On a dit : lorsqu'il consiste en un tant pour cent, c'est un droit social pur ; quand il consiste en une somme fixe, c'est un louage de service ; mais il est impossible de séparer la qualité de gérant de celle d'associé, et la qualité d'associé est dominante. Nous pensons que, dans tous les cas, il y a lieu à approbation. On peut dire qu'il y a dans le second cas un avantage encore plus considérable, puisque le gérant sera payé sur le capital, lorsqu'il n'y aura pas de bénéfices.

D'ailleurs il ne faut pas que ceux qui se réservent la gérance ou l'administration de la société puissent s'attribuer des avantages excessifs exempts de toute vérification.

Il n'y a aucune conséquence à tirer des décisions de la jurisprudence fiscale qui frappe le traitement fixe alloué au gérant d'un droit particulier de louage de services, pour admettre qu'il n'y ait pas là un avantage soumis à vérification(1). (Trib. de la Seine, 27 janv. 1872, D. 72-3-95 ; *contra* Cass., 29 novembre 1869 et 17 août 1870, S. 70-1--137 et 435.)

En fait, le traitement du gérant est rarement fixé par les statuts ; bien souvent on laisse au conseil de surveillance le soin d'en déterminer le chiffre.

Comme les apports en nature, les seuls avantages particuliers soumis à approbation sont ceux qui sont stipulés dans les statuts de la société (1).

55. — Examinons maintenant le résultat des délibérations de l'assemblée qui statue sur les rapports et sur les avantages. Si elle approuve absolument l'évaluation portée aux statuts, désormais tous les souscripteurs sont irrévocablement liés. La souscription n'était qu'une approbation conditionnelle de l'évaluation donnée par les statuts, chaque souscripteur avait entendu se réserver de faire vérifier cette évaluation et de se délier de son engagement si cette évaluation n'était pas reconnue exacte par la majorité. D'où il résulte que si cette évaluation n'est pas admise par la majorité, la société ne peut pas se constituer. Cela est expressément dit par l'art. 4 : « A défaut d'approbation, la société reste *sans effet* à l'égard de *toutes les parties*. » D'ailleurs, même après approbation, l'évalua-

(1) Les questions qui pourraient s'élever sur le point de savoir si tel droit ou tel avantage constitue un avantage particulier soumis à vérification, échappent à l'assemblée générale et doivent être résolus par les tribunaux (Cass., 18 décembre 1867).

tion définitive donnée aux apports ou aux avantages pourrait être annulée en cas de dol ou de fraude. Cette disposition, du reste inutile, est écrite dans l'art. 4 ; mais la
loi ne parle pas d'action en rescision ou en dommages et
intérêts pour lésion, et par là même elle coupe court à
toutes les actions basées sur un motif de lésion, que les
spéculateurs ne manqueraient pas d'exercer selon le
temps. L'approbation ne ferait pas obstacle à l'exercice
d'une action basée sur l'erreur.

56. — L'assemblée générale pourrait-elle, du consentement des apporteurs, voter la réduction de la valeur des
apports ? La question non prévue par la loi est controversée. La question n'a qu'un intérêt doctrinal, car dans
la pratique on évitera toute discussion en insérant dans
les statuts une clause autorisant la majorité à voter toute
réduction.

D'après les principes généraux la majorité ne peut pas
lier la minorité quand il s'agit de former le contrat de
société, et à ce point de vue les statuts sociaux, qui sont la
loi de tous les contractants, ne doivent pas pouvoir être
modifiés dans le but d'arriver plus facilement à la constitution de la société ; mais ces considérations ne sauraient
prévaloir contre le sens qui se dégage de la discussion de
la question à résoudre. Le rejet de l'amendement de
M. Javal, d'un côté *parce qu'il était inutile et disait la
même chose que l'article,* et de l'autre le rejet de la proposition de M. Marie qui demandait le renvoi à la commission (1), démontrent que la loi n'a pas entendu interdire

____

(1) La proposition de M. Marie était ainsi conçue : « Je demande à la
Chambre le renvoi à la commission, afin que la commission, dans une ré-

à la majorité de l'assemblée générale de voter toute réduction, *si les parties se mettent d'accord sur une évaluation différente,* selon l'expression de M. Javal.

Il est à remarquer, que si l'on vote la réduction des apports ou des avantages particuliers, il faudra sur-le-champ souscrire la différence qui existera entre le montant d'actions attribuées provisoirement par les statuts et le chiffre voté par l'assemblée générale. La société doit avoir son capital intégralement souscrit pour pouvoir se constituer.

57. — Nous croyons devoir dire ici un mot des actions de prime. Les actions de prime sont des actions affranchies de versement remises gratuitement par les fondateurs aux personnes qui ont concouru à la création de l'entreprise sociale. En principe il faudrait dire que les services rendus à la société constituent un apport en nature qui devrait être remunéré par des actions de capital en se conformant aux conditions portées par l'art. 4. Mais l'usage s'est introduit de remunérer ces services par des actions analogues aux actions de jouissance, en ce qu'elles ne portent qu'un coupon de dividende, mais différentes des actions de jouissance en ce sens que ces actions ne représentent jamais une part du fonds social.

L'usage des actions de prime délivrées dans ces conditions était très répandu avant la loi de 1856 (1). La légalité

daction nouvelle, dise que lorsque l'assemblée générale aura à voter, elle ne pourra le faire dans ce cas et pour cette situation fondamentale qu'autant que tous les actionnaires auront été appelés. »

(1) Pour ce qui regardait les sociétés anonymes, l'instruction ministérielle du 22 novembre 1817 défendait d'attribuer à aucun individu aucun prélèvement sur les produits, autre que le salaire dû aux soins qu'il pou-

des actions de prime est actuellement très contestée (M. Vavasseur, n° 529). Nous admettons la validité des actions de prime sous cette condition qu'elles soient créées en sus du capital statutaire réellement souscrit, qu'elles n'entrent pas dans la division du capital social et à la condition que cette manière d'opérer ait été prévue par les statuts. (1)

Dans ce cas ces actions constituent une charge pour les actionnaires payants, mais cela est étranger aux tiers qui traitent avec la société et qui peuvent compter sur tout le capital porté par les statuts. Les titulaires des actions de prime n'ont point droit à une part du fonds social, et ils demeurent exclus des assemblées générales. Aux objections dirigées contre cette solution on peut répondre que les prescriptions de la loi sont relatives au *capital social* divisé en actions, mais il s'agit ici, nous l'avons dit, d'actions qui ne représentent pas une part du capital social. Nous ne contestons pas qu'il soit plus régulier de faire approuver l'importance de la valeur des services rendus par l'assemblée générale et de rémunérer ces services par des actions d'apports. La jurisprudence admet même sous certaines réserves la délivrance d'actions de prime détachées du capital social. Dans ce sens il a été jugé que les

vait donner à l'administration de la société. Il fallait que les actions de prime représentassent un apport ou une rémunération appréciable en argent.

Le projet italien détermine de la manière suivante les avantages particuliers que peuvent se faire attribuer les fondateurs : jamais plus d'un dixième des bénéfices nets, ni pour plus de cinq ans, à supposer que la société soit établie en vue d'une durée de plus de quinze ans. Ce prélèvement ne peut jamais être effectué qu'après l'approbation du bilan (Code com., art. 134, proj. dej., art. 135).

(1) Dans ce sens MM. Lyon-Caen et Renault. Précis de dr. com., n° 413; MM. Beslay et Lauras, n° 137.

fondateurs d'une société avaient pu libérer valablement un certain nombre d'actions de capital pour les attribuer à des journalistes, à titre de frais de publicité et de réclame; que ce fait ne constituait pas une réduction du capital social et qu'il était suffisamment couvert par l'inscription de la dépense au compte de frais de premier établissement approuvées par l'assemblée générale. (Cass., 20 févr. 1877; le *Droit*, 13 avril 1877.)

58. — Nous avons vu que l'assemblée générale peut rejeter l'évaluation donnée aux apports et qu'alors la société reste sans effet à l'égard de toutes les parties. A la charge de qui incomberont les frais faits en vue de la constitution? En général les statuts rédigés par les fondateurs contiendront une clause — qui ne sera pas reproduite dans les prospectus (1)—par laquelle les frais resteront naturellement à la charge des souscripteurs à qui on ne rendra le montant de leur versement que déduction faite des frais. Cette clause serait parfaitement licite et obligatoire, excepté bien entendu le cas où il serait reconnu que le projet de société était uniquement basé sur une pensée de fraude de la part des fondateurs. En l'absence d'une pareille clause dans les statuts, nous sommes d'avis que les frais resteraient en tout cas à la charge des fondateurs, sans qu'il y ait lieu de distinguer entre le cas fort rare où la société n'aurait pu se constituer par suite de l'absten-

---

(1) La Cour de cassation décide, par application des principes généraux, que les allégations mensongères contenues dans les prospectus et annonces faites pour obtenir des souscriptions aux actions d'une compagnie industrielle ne peuvent pas suffire pour entraîner la nullité de l'engagement si elles n'ont pas le caractère de dol et n'ont pu avoir aucune influence décisive sur la convention. (Cass., 14 juillet 1862 et 10 février 1868, S..62-1-349; 68-1-149).

tion des souscripteurs, et celui où les souscripteurs auraient refusé d'accepter les évaluations proposées.

59. — Nous passons à l'examen d'une hypothèse particu-lière prévue et réglée par le dernier paragraphe de l'article 4, lequel est ainsi conçu : « Les dispositions du présent article, relatives à la vérification de l'apport qui ne consiste pas en numéraire, ne sont pas applicables au cas où la société à laquelle est fait ledit apport est formée entre ceux seulement qui en étaient propriétaires par indivis. »

Cette disposition, qui constitue une innovation dans la loi actuelle, a donné lieu à de vives controverses sur la question de savoir si la dérogation ne s'applique dans le sens littéral et rigoureux qu'à l'hypothèse prévue au texte ou si elle est susceptible d'extension. Disons tout de suite que l'hypothèse visée dans les discussions relatives à cette dérogation et en vue de laquelle la loi a été faite, est celle où on transforme une société en nom collectif ou en commandite par intérêts, en une commandite par actions. Dans ces cas, il est inexact de dire que les associés soient propriétaires par indivis ; on n'est pas dans la lettre de la loi, mais on est bien dans les conditions par lesquelles se justifie l'exception. D'un côté, la vérification est sans utilité puisque les anciens associés qui deviennent actionnaires de la société transformée connaissent parfaitement la valeur exacte de l'apport, c'est-à-dire le montant de l'actif de l'ancienne société ; d'un autre côté, il ne serait pas possible de composer l'assemblée chargée de vérifier les apports conformément au prescrit de l'article 4.

Le seul cas qui réponde exactement à l'esprit et à la lettre de la loi est celui où les fondateurs de la société sont des communistes qui veulent sortir de l'indivision.

60. — Cette exception est subordonnée à une double condition. Il faut d'un côté, que le fonds social se compose uniquement d'un capital en nature ; il faut, en outre, que tout l'apport soit fait par ceux qui en étaient propriétaires indivis.

La première condition n'exige aucune explication, si la société a besoin d'un fonds de numéraire, que les actionnaires souscrivent eux-mêmes des actions représentant des versements à effectuer en numéraire, sans faire appel aux capitaux étrangers. S'ils émettaient des actions devant être souscrites par le public, ils se placeraient en dehors de l'exception et ne pourraient plus en bénéficier. Mais ils ont la ressource d'émettre des obligations ; seulement la fraude qui se cacherait sous cette combinaison n'échapperait pas à la répression de la loi ; la société devrait être annulée et les fondateurs seraient poursuivis en vertu des articles 13 et 15, s'il était établi que l'émission d'obligations n'a été qu'un moyen de se procurer du numéraire et de s'exempter des conditions prescrites pour l'émission d'un capital actions et pour la vérification des apports. Un procédé imaginé dans ces derniers temps consiste à donner en prime aux souscripteurs d'un certain nombre d'obligations une ou plusieurs actions. Ce procédé doit être condamné, parce que les obligataires ne sont en réalité que des actionnaires et que les apports auraient dû être vérifiés si la société eût été constituée selon les prescriptions de la loi ; c'est-à-dire si, au lieu d'émettre des obligations pour se procurer du numéraire, on avait fait souscrire des actions de capital, car dans l'espèce le capital social, autrement celui qui est destiné à assurer le fonctionnement et le succès de l'entreprise n'était pas souscrit intégralement au début ; de sorte qu'on peut dire que les obligataires ont souscrit après coup les actions de la société.

61. — La seconde condition se rattache en partie à la première; elle exige que l'apport soit fait par ceux qui en sont propriétaires indivis. Au surplus cette deuxième condition est seule écrite expressément dans le texte ; la première n'est qu'un corollaire de cette proposition. Il nous a paru utile de séparer ces conditions, pour marquer le défaut du système qui prétend que la règle posée par la loi dans la disposition finale de l'art. 4 ne vise les propriétaires indivis qu'à titre d'exemple. Nous pensons que la portée de la disposition doit être restreinte au cas spécial indiqué par la loi, et celà parce que seule l'hypothèse prévue par la loi justifie l'exception formulée. En effet, les propriétaires indivis sont seuls dans le cas où l'exagération ou l'avilissement de la valeur de l'apport doit demeurer sans influence sur la situation des actionnaires, parce que l'égalité n'est pas rompue. Enfin, c'est seulement dans le cas où la société est formée entre propriétaires indivis qu'on est dans l'impossibilité de former une assemblée pour évaluer les apports, ce qui serait d'ailleurs sans intérêt pour les associés, ainsi que nous venons de le dire.

62. — Il en est autrement lorsque la société est fondée en conformité de la première seulement des conditions rapportées ci-dessus, c'est-à-dire lorsque la société se compose d'un capital en nature, appartenant à des associés autres que des propriétaires indivis, bien que la société se constitue sans qu'il soit fait appel au public. Nous réservons pour la fin de ce chapitre l'examen de la ques-

Escoffier. 6

tion de savoir si les sociétés qui se constituent par actions sans faire appel à la souscription publique, sont soumises à toutes les conditions requises pour la constitution des sociétés par actions. Sur la question qui nous occupe, nous décidons que les apports en nature, faits par d'autres que par des propriétaires indivis, demeurent soumis à vérification et à approbation. La vérification est ici nécessaire, parce que chaque classe d'apporteurs a un intérêt distinct et qu'il lui importe de faire évaluer le plus cher possible son apport au détriment de celui qui est fait par d'autres associés. L'intérêt reconnu, on dit : Mais la vérification sera sans objet, car elle aura été faite par chacun des futurs associés qui ont discuté les bases de l'acte social et qui les ont approuvées par leur signature. Cet argument ne nous touche pas, la loi s'est défiée d'un consentement isolé qu'on pourrait facilement obtenir de chacun des futurs associés ; elle exige la délibération en commun qui garantit l'indépendance des votes.

63. — La vérification par l'assemblée générale est donc nécessaire, mais est-elle possible ? Cette question a été résolue par nous d'une manière affirmative ; nous avons admis que l'actionnaire qui fait un apport en nature n'est exclu que de la délibération qui concerne l'apport fait par lui ; mais dans les délibérations à prendre sur les apports faits par d'autres associés, l'actionnaire apporteur peut prendre part au vote et compter pour le calcul de la moitié du capital non soumis à vérification (1). Notre solution s'applique d'une manière absolue aux sociétés anonymes ;

(1) M. Labbé, dans une note qui accompagne l'arrêt de la Cour de cassation inséré au Sirey, 1881, 1, p. 7, produit un argument d'analogie très frappant. « Dans la Chambre des députés, dit-il, les députés dont les élec-

nous reconnaissons qu'elle serait peut-être contestable en ce qui touche les sociétés en commandite par actions, à cause des termes de la loi qui prescrit la représentation du quart du capital, qui consiste en numéraire, et volontiers nous déciderions que si plusieurs associés effectuant chacun un apport en nature, voulaient constituer une société en commandite par actions, ils ne le pourraient pas ; il faudrait absolument appeler des souscripteurs d'actions de numéraire, un quart au moins des associés et plus d'un quart pour réunir la majorité en nombre et en sommes prescrites par la loi.

Nous n'hésitons pas à reconnaître que l'exception établie par la loi pourra souvent servir à masquer des combinaisons frauduleuses.

64. — Sous la loi de 1856, l'absence de cette dispositio rendait impossible la constitution d'une société par actions entre propriétaires indivis d'un apport social, mais la pratique avait imaginé de corriger ce défaut de la loi. Les propriétaires indivis ou anciens associés faisaientune vente fictive de leurs droits à quelques-uns d'entre eux, qui figuraient dans la société comme promettant l'apport de leurs droits. Leurs co-associés, devenus par cette combinaison un moment étrangers à la propriété des apports, formaient une assemblée générale qui approuvait sans contestation les évaluations proposées. Il va sans dire que la majorité prescrite par la loi du quart en sommes était réelle ou simulée ; des actes passés en dehors du pacte so-

lions ne sont pas encore validées et seront peut-être invalidées, émettent un vote irrévocablement valable sur les premières élections rapportées ; on commence par les élections les moins combattues. »

cial réglaient la situation créée uniquement pour arriver à se constituer suivant la lettre de la loi (1).

Le législateur, se rendant compte de cet état de choses, inscrivit dans l'art. 4 la disposition finale qui avait pour objet de permettre à ces sociétés de se constituer sans avoir à tourner la loi.

Le motif de cette disposition était le désir d'éviter toute fraude à la loi ; mais la conséquence est que de nombreuses fraudes peuvent se commettre sous le couvert d'une forme reconnue par la loi. Ainsi les spéculateurs peuvent toujours commencer par se rendre propriétaires indivis de ce qui doit faire l'objet principal de la société ; ils peuvent dans les statuts de la société donner à cet apport l'évaluation qu'il leur conveindra de lui donner. Ils constitueront la société sans difficulté, se répartiront les actions et se hâteront de les négocier en ayant soin de donner à ces actions libérées par la valeur des apports la forme de titres au porteur. Ceci rentre dans les cas de fraude réservés par la loi.

On avait proposé d'ajouter aux deux conditions indiquées ci-dessus une troisième condition qui était « qu'il ne fût pas fait appel à une souscription publique ». Cette proposition fut repoussée par le conseil d'Etat. Il s'agit de l'appel fait après coup à une souscription publique soit par émission d'actions en augmentation du capital social, soit par émission d'obligations.

Les tribunaux auront à apprécier si, avec les éléments avec lesquels elle s'est constituée, la société pouvait at-

(1) MM. Beslay et Lauras, n° 479.

teindre le but qu'elle se proposait et si l'appel fait après coup ne constitue pas une fraude à la loi.

65. — Après avoir établi que l'exception contenue dans la fin de l'art. 4 a un caractère purement restrictif, il nous reste peu de chose à dire sur les autres règles dont l'observation est prescrite pour la constitution des sociétés.

La loi belge du 18 mai 1873 prévoit spécialement cette hypothèse qui fait l'objet des articles 29 et 30, lesquels, pour le cas où tous les associés prennent en quelque sorte le rôle de fondateurs, décident que la constitution est affranchie de toute formalité autre que la rédaction d'un acte authentique signé de toutes les parties. La disposition de la loi belge est générale et s'applique indistinctement à tous les cas où on ne fait pas appel au public ; notre loi au contraire n'envisage que l'hypothèse restreinte où les apports sont faits par des propriétaires indivis, et encore la loi se borne à les affranchir de la vérification des apports, d'où, même dans ce cas, nous concluons qu'il y aura lieu à délibérer conformément à l'art. 4 sur la cause des avantages stipulés.

De quelque façon que la société soit constituée il faudra toujours un acte écrit, authentique ou sous seing, fait en double original. L'acte de société devra être signé par tous les associés ou par leurs représentants. Un double de l'acte sous seing privé devra être déposé chez un notaire, nous nous sommes expliqués plus haut sur la nécessité de ce dépôt. Nous avons reconnu que la déclaration notariée avec la liste des souscripteurs et l'état des versements à l'appui était sans objet lorsque le fonds social se compose exclusivement d'apports en nature effectués dès le début.

Section II.

Nomination d'un conseil de surveillance dans les Sociétés en commandite par actions.

66. — Dans la société en commandite par actions la gestion de la société appartient de droit à l'associé ou aux associés solidairement responsables, c'est-à-dire aux commandités, à l'exclusion des commanditaires. Il peut y avoir un ou plusieurs gérants; le nom d'un gérant doit figurer dans la raison sociale parce que le gérant représente l'élément personnel; il est l'associé responsable, sur tous ses biens et indéfiniment des engagements contractés. Le gérant peut être actionnaire ; il peut aussi ne pas l'être. On a soutenu que le gérant d'une commandite ne pouvait pas souscrire des actions parce qu'il doit toute sa responsabilité personnelle aux tiers, qui ont en outre pour gage le capital social, au lieu que la souscription d'actions par le gérant aurait pour effet de diminuer l'un de ces gages. (M. Molinier, n° 524.)

Mais cela ne saurait être admis : ce serait là créer une incapacité ou plutôt une indisponibilité du patrimoine du gérant dont rien ne peut donner l'idée. M. Vavasseur prétend que le gérant ne peut souscrire des actions qu'à la condition de les libérer de suite, et cela parce que, s'il en était autrement, il pourrait souscrire un trop grand nombre d'actions. Cette restriction ne nous parait pas davantage admissible : le gérant qui souscrit les actions n'est qu'un actionnaire comme un autre; il n'est tenu qu'au ver-

sement d'un quart pour la régularité de la constitution de
la société (1).

67. — Nous avons vu que la constitution d'une société
en commandite par actions est l'œuvre du gérant et des
assemblées générales d'actionnaires. Après l'accomplissement des conditions exposées, la société est constituée.
Mais « immédiatement après la constitution définitive de.
la société et avant toute opération sociale, l'assemblée générale des actionnaires doit nommer un conseil de surveillance composé de trois actionnaires au moins (art. 5).»
Le gérant ne peut commencer les opérations sociales
avant l'entrée en fonctions du conseil de surveillance à
peine d'une amende de cinq cents francs à dix mille
(art. 13, §2). Si l'on s'en tient à la lettre de l'art. 5, la nomination du conseil de surveillance qui ne se place qu'après
la constitution définitive de la société, rentre plutôt dans
le fonctionnement de la société. Désormais l'organisation
est complète ; elle se compose : 1° de la gérance ; 2° des
assemblées générales d'actionnaires; 3° du conseil de surveillance.

Nous avons considéré l'établissement du conseil de surveillance investi d'un pouvoir de contrôle comme se ratta-
chant à un ordre d'idées général, comme une mesure de
protection instituée dans l'intérêt du crédit public que les
sociétés par actions peuvent si facilement compromettre (2).

(1) D'après la loi allemande (art. 173, al. 1), le gérant ne peut pas souscrire des actions. De même dans le projet italien (art. 75, n° 2) ; cela résulte
a contrario de ce qu'il est dit que la part des commanditaires peut être
divisée en actions.

(2) La loi allemande (art. 191, 192, 225) exige aussi la nomination d'un
conseil de surveillance. L'institution du conseil de surveillance est également exigée par la loi suisse (art. 676, § 5).

Dans les commandites simples, l'exercice du droit de surveillance consacré par la loi de 1863, — modificative des
articles 27 et 28 du Code de commerce, — est purement facultatif, au lieu qu'il est obligatoire dans les commandites
par actions. La raison de cette disposition est que, dans
les sociétés par actions, la fréquente mutation des titres
est un obstacle à ce que les porteurs d'actions s'intéres-
sent sérieusement aux opérations sociales et soient assu-
rés du désir de contrôler la gérance. L'actionnaire stable
ne demande qu'une chose, l'élévation des dividendes ; l'actionnaire qui spécule ne s'inquiète que de l'élévation de la
cote du titre dont il est porteur ou acheteur ; tous deux se
désintéressent parfaitement de ce que font les gérants ; ils
puisent leurs renseignements sur la marche de la société
dans la cote de la Bourse et non au siège social. Devant
l'incurie des actionnaires la loi de 1856 créa les conseils
de surveillance chargés de représenter les actionnaires auprès de la gérance. Les conseils de surveillance doivent
être établis dans toutes les sociétés en commandite par actions à peine de nullité de la société (1). Ils doivent être
composés exclusivement d'associés. L'exposé des motifs justifie ainsi cette disposition : « Des associés ne peuvent rai-
sonnablement confier la défense de leurs intérêts qu'à ceux
avec lesquels ces intérêts leur sont communs. » — La loi

(1) D'après le code allemand, le conseil de surveillance n'était exigé que
pour les sociétés en commandite par actions. La loi du 11 juin 1870 en a
étendu l'obligation aux sociétés anonymes. Le projet italien établit un pouvoir de contrôle, placé auprès de la gérance ou de l'administration, exercé
par des syndics. Dans la loi anglaise, à côté de la surveillance exercée par
les censeurs (*auditors*), les associés en nombre suffisant, représentant un
cinquième du capital social ou même un tiers des actions s'il s'agit d'une
société financière, peuvent provoquer une inspection de la société par des
inspecteurs détachés du *board of trade* (art. 56 à 61).

règle en outre le nombre des membres du conseil ; ils seront nommés par l'assemblée générale des actionnaires,
C'est là une attribution propre à l'assemblée générale. —
Le premier conseil n'est nommé que pour une année, les
conseils qui suivront sont soumis à la réélection aux époques et suivant les conditions determinées par les statuts.
(La loi de 1856 portait. Il est soumis à la réélection tous les
cinq ans au moins.)

68. — De ces dispositions quelques-unes n'ont besoin
d'aucune explication. La loi exige que le conseil de surveillance soit composé de trois membres au lieu de cinq,
parcè que d'abord il sera plus facile de constituer ce conseil et, en outre, parce que la surveillance par un nombre
moindre d'individus s'exerce plus sérieusement que celle
qui est divisée entre un plus grand nombre de surveil·
lants.

En général on ne se contente pas du nombre minimum
fixé par la loi et qui doit toujours être complet pour délibérer. On en nomme plus de trois ou bien ou nomme des
membres supplémentaires en vue des cas de vacance, pour
ne pas se trouver dans la nécessité de convoquer l'assemblée générale pour pourvoir au remplacement d'un membre décédé ou démissionnaire (1).

Avec l'obligation d'avoir un conseil de surveillance com-

---

(1) La loi belge exige comme la nôtre un minimum de trois membres
pour le conseil de surveillance des sociétés en commandite et se contente
d'un commissaire pour les sociétés anonymes.

La loi allemande ne fixe pas le nombre de commissaires.

Le projet italien veut qu'ils ne soient jamais moins de trois, ni plus de
cinq et deux suppléants (art. 181, al. 2), sans distinguer la commandite de
l'anonyme.

Il interdit de prendre pour commissaires les parents des administrateurs
jusqu'au quatrième degré (art. 181, al. 3).

posé de trois actionnaires au moins, la société en commandite par actions doit comprendre au moins quatre associés, y compris le gérant. C'est à tort que la Cour d'Aix (18 novembre 1857) a décidé, dans une espèce où une société en commandite par actions avait été formée entre deux associés seulement, qu'il n'y avait pas besoin de conseil de surveillance puisque le commanditaire exerçait directement par lui-même auprès du gérant la surveillance à laquelle il était intéressé. A l'appui de l'arrêt de la Cour d'Aix on invoque comme argument le texte l'article 23, qui dit que la société en commandite se contracte entre un ou plusieurs associés responsables et solidaires et *un* ou plusieurs commanditaires. Mais nous n'avons pas dit que le Code eût prescrit l'obligation d'un conseil de surveillance. La décision de la Cour d'Aix eût certainement été logique si elle eût été rendue avant la loi de 1856. Nous ne disons pas si la société avait été formée avant la loi de 1856, car aux termes de l'article 15 de cette dernière loi, les sociétés en commandite par actions alors existantes et qui n'avaient pas de conseil de surveillance, étaient tenues, dans le délai de six mois à partir de la promulgation de la loi, de constituer un conseil de surveillance. Ceci marque bien que la loi considérait cette disposition comme une mesure de protection générale dont l'application ne devait pas être différée.

69. — Occupons-nous du mode de nomination.

Avant la loi de 1856, les fondateurs de sociétés avaient imaginé de s'entourer d'un prétendu conseil de surveillance dont les membres, choisis par eux, étaient des oisifs portant des grands noms ou des capitalistes connus qui se prêtaient volontiers à l'organisation de cette duperie moyennant salaire et à la condition expresse qu'ils n'encourraient aucune responsabilité. La loi de 1856 a établi que le conseil de surveillance serait nommé par l'assemblée générale des actionnaires. Là nous sommes dans la vérité des choses. Un conseil de surveillance nommé par le gérant pour contrôler la gérance est un non-sens. La surveillance organisée par l'Etat est discréditée et ne répond plus nos idées à actuelles sur le rôle de l'Etat qui doit s'effacer devant l'initiative des particuliers. Le conseil de surveillance nommé par les actionnaires répoud seul au but de l'institution. Les actionnaires devraient surveiller le gérant, ils ne le font pas ; la loi leur prescrit de déléguer le droit de surveillance à quelques-uns d'entre eux. La société en commandite par actions ne pourra être constituée que si au moins trois actionnaires acceptent la mission de surveiller.

La loi fixe la nomination du conseil de surveillance *immédiatement* après la constitution définitive de la société. Ce que la loi a entendu par la constitution de la société n'est pas établi d'une manière absolue. Lorsqu'il n'y a pas lieu à vérification d'apports ou d'avantages particuliers, la société est constituée aussitôt après la déclaration notariée faite par le gérant; le conseil de surveillance pourrait alors être nommé par la première assemblée-générale d'actionnaires. S'il y a lieu à vérification d'apports en nature ou d'avantages particuliers, ce qui est le cas le plus fréquent, le conseil de surveillance peut être nommé à l'issue de la seconde assemblée qui aura approuvé les apports ou les avantages ; mais à la condition que tous les actionnaires aient été réunis par une convocation distincte de celle qui leur aura été adressée pour la vérification des apports. C'est dire que la majorité par laquelle le conseil de surveillance doit être nommé ne se confond pas avec la majorité prescrite pour l'approbation des apports. La nomination sera faite à la majorité des membres présents. Mais si les statuts ont réglé la composition des assemblées qui nommeront les conseils de surveillance, les dispositions des statuts devront être suivies. Cela résulte nettement du texte qui porte: «suivant les conditions déterminées par les statuts» (1). Ce texte est inséré dans le paragraphe relatif à la réélection, mais il est incontestablement applicable à la nomination du premier conseil de surveillance pour lequel la loi n'a établi une dérogation qu'en ce qui concerne la durée des fonctions dans une disposition insérée à la fin de l'article. Ainsi les statuts peuvent régler non seulement les conditions que devra remplir la majorité, mais aussi la composition de l'assemblée et n'y admettre que les actionnaires porteurs d'un certain nombre d'actions. En effet, comme les sociétés par actions sont avant tout des sociétés de capitaux, il faut respecter la clause qui règle l'influence dans les assemblées sur l'importance des capitaux engagés. Chaque votant n'a qu'une voix. L'assemblée générale est réunie par le gérant directement intéressé à abréger tout délai, puisque, tant que cette condition n'aura pas été remplie, il ne pourrait commencer les opérations sociales sans s'exposer aux peines portées par l'article 13.

En cas de négligence de la part du gérant, rien ne s'opposerait à ce que cette convocation fût faite à la requête des plus diligents parmi les actionnaires, avec l'autorisation de justice. On a même soutenu qu'ils le devaient. La Cour d'Amiens a justement écarté cette prétention (16 jan-

(1) Le vote le plus fréquent pour l'élection des membres du conseil de surveillance est celui par scrutin de liste (M. Paignon, p. 75).

vier 1875, S. 75-2-193). Si l'on conteste que quelques-uns des actionnaires aient le droit de faire la convocation avec l'autorisation de justice, on ne peut pas leur dénier le droit de mettre le gérant en demeure de faire la convocation, à peine de tous dommages et intérêts pour chaque jour de retard et de former devant le tribunal de commerce une demande en dissolution de la société.

La loi ne dit pas expressément qu'il faut que les membres du conseil de surveillance nommés acceptent leurs fonctions, mais cela va de soi, et le gérant ne peut commencer les opérations sociales que lorsqu'ils auront accepté. (Req. 14 juil. 1873, S. 74-1-425).

70. — En ce qui concerne les conditions d'éligibilité, la loi dispose qu'il faut être actionnaire ; il n'est pas nécessaire que l'actionnaire ait souscrit ses actions ; il peut les avoir acquises ; car, nous l'avons dit, les actions sont négociables dès avant la nomination du conseil de surveillance. Ce n'est pas à dire que tous les actionnaires soient éligibles, cela n'est vrai que si les statuts n'ont pas disposé autrement. Les statuts peuvent restreindre le nombre des actionnaires qui peuvent être appelés aux fonctions de membres du conseil de surveillance par une clause portant que chaque membre devra être propriétaire d'un certain nombre d'actions (1). M. Paul Pont (n° 1043), après avoir re-

(1) Il a été jugé dans une espèce antérieure à la loi de 1856 que si les statuts déterminent le nombre d'actions que chaque membre du conseil doit posséder, chacun d'eux est réputé actionnaire pour le nombre d'actions indiqué dans les statuts (Paris, 16 avril 1861). Cette décision qui se justifiait, avant la loi de 1856, par la considération que le gérant qui choisissait le conseil de surveillance devait se conformer aux statuts, devrait être appliquée encore aujourd'hui, parce que le choix de l'assemblée générale doit s'exercer conformément aux statuts et que les tiers aussi ont dû compter sur l'observation des clauses du pacte social.

connu que les statuts peuvent restreindre la composition
de l'assemblée en excluant les actionnaires qui ne seraient
pas porteurs du nombre d'actions déterminé, décide pourtant que toute stipulation qui aurait pour effet de restreindre le choix de l'assemblée générale devrait être écartée, et que le choix de l'assemblée pourrait se porter même
sur l'associé qui n'aurait qu'une seule action, et cela,
parce que la seule condition prescrite par la loi est que l'on
soit actionnaire. Nous ne saurions adopter cette manière
de voir qui est en opposition avec l'esprit de la loi et aussi
avec le texte qui porte « suivant les conditions déterminées par les statuts », et contraire au respect qu'on doit
aux clauses de l'acte social, toutes les fois que la loi ne dispose pas autrement. Pour se conformer au prescrit de la
loi qui exige la qualité d'actionnaire de la part de chaque
membre du conseil, les statuts détermineront le moyen
d'assurer l'observation de cette prescription. Ils pourront
décider que les actions de garantie des membres du conseil
seront inaliénables et resteront attachées à la souche pendant toute la durée de leurs fonctions.

En général les fonctions de membre du conseil de surveillance sont rétribuées par des jetons de présence (1).

71. — Nous avons également peu de chose à dire sur la
durée du mandat des membres du conseil. La loi actuelle,
plus libérale que celle de 1856, ne détermine pas la durée

(1) La loi allemande (art. 192, 225) dispose que les membres du premier
conseil de surveillance n'ont droit à aucune rétribution, si ce n'est en vertu
d'une délibération de l'assemblée générale prise après la première année de
fonctionnement, à peine de nullité de toute délibération ou convention contraire. D'après la loi belge, le salaire d'un contrôleur ne doit jamais dépasser le tiers de celui alloué à chaque administrateur. C'est là de l'excès
dans la réglementation.

des fonctions des conseils de surveillance ; sous la loi de 1856 le conseil était soumis à la réélection tous les cinq ans au moins. Notre loi maintient le principe de la réélection, mais elle laisse aux statuts le soin de régler les époques et supprime une disposition sans objet et sans utilité. Pourquoi tous les cinq ans et pas tous les six ans ? le seul principe à poser était que les membres du conseil ne seraient pas nommés pour toute la durée de la société. Nous ne pouvons qu'approuver la disposition qui limite à une année la durée des fonctions du premier conseil de surveillance. C'est là une règle excellente, dont l'intérêt pour les actionnaires apparaît facilement. Au début de la société, on voit tout en rose, on accepte tout facilement, et comme on ne se connaît pas encore, on a des chances de se tromper et de nommer un conseil de surveillance « disposé à contrôler mollement les actes de la gérance ». A l'expiration de l'année, si les membres nommés ont affirmé leur indépendance et leur activité, on les réélira alors pour la durée fixée par les statuts.

SECTION III.

Nomination des administrateurs et des commissaires de contrôle dans les sociétés anonymes.

Administrateurs.

72. — Dans les sociétés en commandite, la gérance se trouve organisée dès le début de la société, les gérants sont pour ainsi dire nommés à l'avance ; le gérant se place au-

dessus de l'assemblée générale des actionnaires, et cela se comprend, car le gérant est le maître de l'affaire; les associés peuvent contrôler ses actes, lui donner des conseils, il a le pouvoir de ne pas les suivre. Dans la société anonyme au contraire, tous les associés (1) ne sont passibles que de la perte du montant de leur intérêt dans la société (art. 33), et les administrateurs eux-mêmes, c'est-à-dire ceux qui exercent la gérance, ne contractent à raison de leur gestion aucune obligation personnelle ni solidaire relativement aux engagements de la société. Tous les associés ne contractent qu'un engagement limité, ils ont par conséquent tous les mêmes droits, y compris celui d'administrer la société. Ce droit, ils l'ont *in potestate*, mais ne pouvant l'exercer individuellement, ils l'exerceront collectivement par les assemblées générales à l'aide de mandataires nommés par l'assemblée générale. Ces mandataires nommés à temps et révocables sont les *administrateurs*. La loi dispose que les administrateurs seront nommés par l'assemblée générale des actionnaires (2), mais en ce qui concerne

(1) Ils doivent être au moins sept. L'article 23 porte : La société ne peut être constituée si le nombre des associés est inférieur à sept. La *réduction* du nombre au-dessous de sept serait une cause de dissolution (art. 38).

La loi anglaise, à laquelle cette disposition est empruntée, porte : « Sept personnes ou un plus grand nombre de personnes associées en vue d'un but reconnu par la loi, peuvent, en inscrivant leur nom au bas d'un acte d'association et en se conformant aux règles établies pour l'enregistrement de cet acte, former une société investie de la personnalité juridique (*incorporated*) avec ou sans responsabilité limitée. » (Art. 6.) Comme on voit, cette règle s'applique à n'importe quelle société par actions à responsabilité limitée ou illimitée.

Ainsi dispose également la loi belge. La loi suisse et la loi allemande ne s'inquiètent pas du nombre d'associés.

(2) Le projet italien veut que les administrateurs non présents notifient leur acceptation dans les six jours, par acte passé au greffe du tribunal de commerce ou par acte notarié (art. 137).

les premiers administrateurs elle établit une dérogation importante consistant en ce que les premiers administrateurs peuvent être désignés par les statuts avec stipulation formelle que leur nomination ne sera point soumise à l'approbation de l'assemblée générale, et voici comment l'exposé des motifs justifie cette dérogation :

« On comprend que les fondateurs d'une société, soit qu'ils en aient conçu la pensée, soit qu'ils aient fourni la plus grande partie de l'apport social, ne consentent pas à se voir exclus du conseil d'administration par un vote de l'assemblée. » Dans ce cas, les statuts peuvent nommer à l'avance les administrateurs. Il y a là une limitation apportée aux attributions de l'assemblée générale, mais on peut dire pour la justifier qu'en souscrivant, les futurs actionnaires ont ratifié individuellement les noms proposés, et qu'ils ont pu se désinvestir pour un temps limité de l'exercice du droit de nommer les administrateurs (1).

73. — Nous avons vu que, pour ce qui est de l'approbation de la valeur des apports en nature, la loi proscrit l'approbation qui serait consentie irrévocablement par la souscription, et cela s'explique, indépendamment des raisons que nous avons exposées, par cette considération que, l'approbation une fois donnée, le fonds social est définitivement fixé sans qu'il y ait jamais lieu de revenir sur ce qui a été accepté, tandis que la nomination des administrateurs s'exerce périodiquement. On comprend que les actionnaires ne puissent pas renoncer pour toute la durée de la société au droit de nommer les administrateurs, mais rien ne s'oppose à ce qu'ils renoncent à l'exercice de ce droit

(1) L'art. 6 de la loi de 1863 réservait exclusivement à l'assemblée générale le droit de nommer les administrateurs.

Escoffier.   7

pour un temps déterminé, au début de la société. Ajoutons que tous les actionnaires ont un intérêt direct et immédiat à l'approbation des apports, au lieu que tous ne concourent point à l'administration de la société; ils se bornent à déléguer leur droit. Et d'ailleurs ce droit, tous les actionnaires ne l'ont pas, si les statuts ont restreint sous certaines conditions le nombre des électeurs et des éligibles. Ainsi les administrateurs succèdent aux fondateurs. Lorsque les fondateurs useront de la faculté de désigner définitivement les administrateurs dans les statuts, ce sera évidemment à leur avantage. Dans ce cas ils seront placés dans une situation analogue à celle du gérant d'une société en commandite qui est le fondateur et le gérant de la société (1).

Ils ne peuvent être nommés pour plus de six ans, mais ils sont rééligibles sauf stipulation contraire (2). Par exception les administrateurs nommés par les statuts ne peuvent l'être pour plus de trois ans. La fixation de la durée des fonctions constitue une innovation : l'article 31 du Code de commerce avait dit que les administrateurs

(1) Souvent aussi les fondateurs qui veulent conserver un pouvoir dans la gérance de l'entreprise sociale, s'assurent un poste de directeur, de sous-directeur ou de secrétaire.

(2) La loi allemande (art. 227, al. 2), la loi suisse (art. 649) et le projet italien (art. 119) disent qu'il peut y avoir un ou plusieurs administrateurs. La loi belge (art. 45) veut qu'il y en ait au moins trois. Sur la durée des fonctions des administrateurs, la loi belge (art. 45) dispose comme la nôtre pour le terme de six ans.

La loi suisse fixe également les délais de trois ans pour les premiers administrateurs nommés par les statuts et celui de six ans pour les autres (art. 649).

Le projet italien fait la même distinction, mais il fixe pour les administrateurs nommés par les statuts le terme de quatre ans; pour les administrateurs qui leur succèdent, la durée de leurs fonctions sera fixée par l'as-

étaient des mandataires à temps et révocables sans fixation
de durée.

74. — Il peut y avoir un ou plusieurs administrateurs.
Ils sont nommés par l'assemblée générale des actionnaires convoquée à la diligence des fondateurs postérieurement à la déclaration notariée de la souscription intégrale et du versement du quart. S'il y a des apports en nature ou des avantages particuliers soumis à vérification,
la nomination des administrateurs peut être faite par la
deuxième assemblée qui approuve définitivement les apports, à condition que cette assemblée soit composée d'un
nombre d'actionnaires y représentant la moitié au moins
du capital social. C'est là un minimum qui pourrait être
élevé par les statuts. Ce que les statuts ne peuvent pas
élever, c'est le nombre d'actions exigé pour prendre part à
la délibération de l'assemblée qui nomme les administrateurs et le nombre de voix auquel donnent droit les actions. Sur ces deux points la loi (art. 27) décide que tout
actionnaire, quel que soit le nombre d'actions dont il est
porteur, peut prendre part aux délibérations avec le nombre
de voix déterminé par les statuts sans qu'il puisse être supérieur à dix. Si l'assemblée générale ne réunit pas un
nombre d'actionnaires représentant la moitié du capital
social, la loi a organisé contre les défaillants une sorte de

semblée comme elle l'entendra. Faute par l'assemblée de fixer ce terme, le
projet ajoute qu'ils seront censés nommés pour deux ans (art. 122).

Nous ne croyons pas que la liberté qu'on donne aux assemblées de fixer
comme elles l'entendent la durée des fonctions des administrateurs doive
produire de bons résultats.

La loi allemande fixe à un an la durée des fonctions des administrateurs
nommés par les statuts : pour ce qui est des administrateurs élus, les premiers seront nommés pour un an, et les autres pour cinq ans.

procédure par défaut que nous avons indiquée à propos de la vérification des apports.

75. — Sur les conditions exigées des administrateurs, la loi dispose qu'ils doivent être actionnaires. Les statuts détermineront le nombre d'actions qu'ils devront avoir (1). C'est encore là une innovation; l'article 31 du Code de commerce disait que les administrateurs seraient associés ou non associés. Ils doivent rester associés pendant toute la durée de leurs fonctions; l'article 26 a prescrit les moyens pour assurer l'efficacité de cette prescription. Les actions possédées par les administrateurs, dites actions de gérance ou de cautionnement, seront nominatives, inaliénables, frappées d'un timbre indiquant l'inaliénabilité et déposées dans la caisse sociale. On comprend l'intérêt de ces précautions : ces actions sont affectées en totalité à la garantie de tous les actes de gestion, même de ceux qui seraient exclusivement personnels à l'un des administrateurs (2).

(1) La loi allemande (art. 227, al. 2), la loi belge (art. 43) et le projet italien (art. 119) permettent de choisir les administrateurs même en dehors des associés. De même la loi suisse (art. 649); mais elle ajoute, comme les autres lois d'ailleurs, que les administrateurs nommés devront devenir actionnaires avant leur entrée en fonctions. En ce qui touche le dépôt de garantie, la loi belge distingue entre les administrateurs désignés par les statuts et les administrateurs élus par l'assemblée générale (art. 26, al. 1). Pour les premiers, les actions de garantie doivent représenter pour chacun d'eux le cinquantième du capital social, sans qu'elle doive jamais dépasser 50,000 fr. Pour les administrateurs élus, ils doivent représenter le nombre d'actions fixé par les statuts (art. 48). Le projet définitif italien étend à cette dernière catégorie d'administration la règle posée par la loi belge pour les premiers (art. 121).

La loi belge fixe pour le dépôt des actions de garantie le délai d'un mois, à partir du jour où la société est constituée, ou, pour les administrateurs élus, du jour de leur nomination ou de la notification qui leur en a été faite.

(2) Aux termes de l'art. 7 de la loi du 23 mai 1863, les administrateurs

76. — Nous avons dit que les actionnaires d'une société anonyme délèguent leur droit d'administration à certains d'entre eux, chargés de représenter la société dans toutes les opérations sociales. La même raison qui a fait établir le conseil de surveillance auprès du gérant justifie l'institution d'un pouvoir de contrôle auprès des administrateurs des sociétés anonymes. Les actionnaires seraient dans l'impossibilité d'exercer par eux-mêmes ce contrôle ; ils l'exerceront par des commissaires, associés ou non associés, mandataires de tous les actionnaires, nommés par l'assemblée générale. La loi fait de la désignation des commissaires de contrôle une condition absolue de la régularité de la société. Ils seront nommés par l'assemblée générale qui choisira les premiers administrateurs ; ce droit appartient exclusivement à l'assemblée générale des actionnaires, qui ne pourrait pas en être désinvestie par une clause des statuts, à l'opposé de ce qui peut se produire pour la nomination des premiers administrateurs. Le défaut de nomination de commissaires de contrôle entraînerait la nullité de la société (1). (Art. 41 et 25 combinés.)

A la différence de ce que la loi prescrit pour les conseils de surveillance des sociétés en commandite, les commissaires des sociétés anonymes ne sont nommés que pour un an; on peut n'en nommer qu'un; en général on en nom-

devaient être propriétaires, par parts égales, du vingtième du capital social, comme fonds de garantie. Le maximum était un million. Lors de la discussion de la loi de 1867, le gouvernement proposait de réduire le dépôt de garantie à un million cinq cents mille francs, lorsque le capital social excéderait vingt millions.

(1) La loi allemande édicte une peine de trois mois de prison contre les administrateurs coupables d'avoir laissé pendant plus de trois mois la société anonyme dépourvue d'un conseil de surveillance (art. 249, n. 2).

mera plusieurs, vu la faculté qu'on a de les prendre même en dehors des associés (1).

Enfin la surveillance des commissaires, loin de s'exercer d'une façon permanente, comme cela est établi pour les sociétés en commandite, ne s'exerce que d'une façon temporaire pendant un trimestre (2). Pas plus que le conseil de surveillance, les commissaires de contrôle ne peuvent apposer leur *veto* aux décisions du conseil d'administration.

Le rôle des commissaires de contrôle est certainement beaucoup plus effacé que celui du conseil de surveillance. On explique cette inégalité par cette considération que dans la société anonyme il y a généralement plusieurs administrateurs qui se contrôleront les uns les autres, au lieu que la gestion de la société en commandite est généralement exercée par un seul gérant.

(1) La loi allemande ne parle pas du nombre des commissaires de surveillance. La loi belge dispose comme la nôtre; mais, à la différence de la nôtre, elle exige des commissaires un cautionnement, dont le chiffre sera fixé par les statuts, comme pour les administrateurs.

D'après le projet définitif italien, le conseil de surveillance pour toutes les sociétés par actions, doit se renouveler tous les ans. La loi belge porte qu'ils peuvent durer pendant six ans (art. 51); la loi allemande (art. 191, 225) et la loi suisse (art. 663) disent que les contrôleurs des sociétés anonymes sont élus pour cinq ans au plus; la première élection ne peut se faire pour plus d'un an.

(2) Sous la loi de 1863, le rôle des commissaires était permanent. D'ailleurs, même actuellement, la surveillance des commissaires doit s'exercer constamment, et si l'article 33 ne les autorise à prendre communication des livres de 'a société que pendant un délai déterminé, cela ne doit pas avoir pour effet de restreindre leur obligation de surveillance, mais, au contraire, d'en assurer l'efficacité en facilitant leurs recherches et en mettant à leur disposition des moyens particuliers d'investigation. (Cour de Paris, 14 nov. 1880, S. 82, 2, 17.)

77. — Au point de vue restreint qui fait l'objet de ce travail, il nous suffit d'indiquer la nécessité de l'institution d'un pouvoir de contrôle dans les sociétés anonymes ; les commissaires de contrôle demeurent étrangers à la constitution des sociétés.

Il en est autrement du premier conseil de surveillance auquel l'art. 6 impose l'obligation de vérifier, immédiatement après sa nomination, si toutes les conditions contenues dans les articles qui précèdent ont été observées. Le conseil de surveillance est institué « gardien de la loi et remplit une mission d'ordre public analogue à celle qui était précédemment confiée au conseil d'État chargé de surveiller la création des sociétés anonymes » (M. Vavasseur, n° 579). Cette mission de vérifier est, pour ce qui concerne les sociétés anonymes, confiée à la première assemblée générale. Mais il importe d'observer que la mission de l'assemblée générale est beaucoup plus restreinte que celle du conseil de surveillance. La première assemblée générale d'une société anonyme n'est tenue que de vérifier la sincérité de la déclaration notariée qui constate la souscription du capital social et le versement du quart du capital qui consiste en numéraire. Pour le conseil de surveillance d'une société en commandite, au contraire, la loi formule l'obligation d'une manière générale ; il est tenu de vérifier si toutes les dispositions contenues dans les articles qui précèdent ont été observées (art. 6.) Il est bon d'ajouter qu'à l'obligation imposée au conseil de surveillance est attachée une sanction rigoureuse contenue dans l'art. 8 qui porte : « Lorsque la société est annulée aux termes de l'article précédent (qui vise les cinq premiers articles de la loi), les membres du conseil de surveillance peuvent être déclarés responsables avec le gérant du dommage résultant, pour la société ou pour les tiers, de l'annulation de la société. » L'obligation imposée à l'assemblée générale d'actionnaires d'une société anonyme est au contraire dépourvue de sanction, et cela n'a rien qui nous choque. Outre la limitation des engagements contractés par les actionnaires qui ne peuvent être obligés au delà de leur mise et qui s'opposerait à l'exercice de toute action en responsabilite pour ce qui excède le montant de leurs engagements, nous verrons plus loin que la loi a garanti l'observation de cette prescription par une responsabilité réellement efficace dont seront tenus les administrateurs.

78. — L'obligation imposée à l'assemblée générale de vérifier la sincérité de la déclaration notariée faite par les fondateurs constitue seulement un supplément de précaution et de garantie pour la régularité de la constitution de la société. En effet, cette vérification devra être faite par la première assemblée générale. Si, d'après les termes énonciatifs de l'art. 30, il semble que la délibération à prendre par l'assemblée générale sur la sincérité de la déclaration pourrait n'être placée qu'après la vérification des apports et la nomination des administrateurs, de sorte que les premiers administrateurs, s'ils étaient présents à l'assemblée, prendraient part à cette délibération, il faut remarquer cependant que la lettre de l'art. 24 et l'esprit de la loi protestent contre cette manière de voir. Aux termes de l'art. 24, cette vérification sera faite par la première assemblée générale. S'il y a des apports en nature ou des avantages soumis à approbation, cette vérification préalable permettra de constituer l'assemblée conformément au vœu des art. 27 et 30. On évitera ainsi toute irrégularité dans la composition des assemblées générales constitutives et par là

autant de causes de nullité. Quant à la vérification de l'accomplissement des conditions, autres que la sincérité de la déclaration notariée, elle devra être faite par les premiers administrateurs. Cette obligation est pour ainsi dire sous-entendue dans la loi qui édicte une sanction sévère (art. 42) pour le cas d'inobservation. Il résulte en outre du rapprochement des articles 41 et 24 que les administrateurs sont responsables aussi des conséquences résultant du défaut de sincérité de la déclaration notariée (art. 41 et 42 combinés).

79. — Toutes les conditions requises pour la constitution des sociétés doivent être observées à peine de nullité ; or, ce qui vaut mieux que de prononcer des nullités, disait le rapporteur, c'est de les prévenir. Prévenir la nullité, telle est la mission du premier conseil de surveillance, de la première assemblée générale d'une société anonyme et aussi des premiers administrateurs.

On doit s'assurer que l'acte contenant les statuts a été dressé par écrit en la forme authentique ou sous-seing privé et que, dans ce dernier cas, il l'a été en deux originaux dont l'un a été déposé chez le notaire qui a reçu la déclaration prescrite. On doit se faire représenter les bulletins de souscription, les confronter avec la liste des souscripteurs, vérifier si les souscriptions sont pures et simples, si le versement du quart a été effectué autrement qu'au moyen d'un jeu d'écritures, confronter la liste des souscripteurs avec la liste des membres des assemblées générales, examiner la forme des titres qui ont été délivrés aux actionnaires, etc.

A la suite de cette vérification on s'attachera à réparer les irrégularités s'il en a été commis, du moins pour ce qui est des irrégularités qui peuvent être réparées (1). De cette catégorie demeurent exclues celles relatives au capital social et aux actions. Dans ce cas, le devoir des membres du conseil de surveillance ou des administrateurs est de convoquer immédiatement l'assemblée générale et de lui faire part de leur découverte et de reconstituer la société après dissolution de la société irrégulière. De cette façon, ils éviteront d'engager leur responsabilité à l'égard des tiers, responsabilité très onéreuse, mais seule garantie que ceux que la loi a chargés de veiller au maintien de ses prescriptions s'acquitteront de cette mission.

80. — Il nous reste à nous expliquer sur la révocabilité des gérants et des administrateurs, des membres du conseil de surveillance et des commissaires.

En principe le gérant est irrévocable à moins d'une cause légitime de révocation, reconnue telle par les tribunaux. La question de savoir si les statuts pourraient contenir une clause qui permette à l'assemblée générale des actionnaires de révoquer le gérant d'une société en commandite est résolue affirmativement par la jurisprudence. Nous nous prononçons contre cette solution qui est en opposition avec le caractère essentiel de la commandite.

Les décisions de la jurisprudence sur ce point avaient puissamment contribué au développement des sociétés en commandite avant que la liberté de l'anonymat eût été

---

(1) M. de Saint-Paul avait proposé un amendement ayant pour objet d'astreindre le conseil de surveillance à faire dresser, contradictoirement avec le gérant, chez le notaire de la société, un procès-verbal relatant et justifiant comment il avait été obéi aux prescriptions des articles 1, 2, 3, 4 et 5 de la loi. On passa outre en disant qu'il ne fallait pas multiplier les formalités.

établie. Avec la faculté de révoquer la gérant, les actionnaires étaient en réalité les vrais administrateurs, et ils
avaient en outre l'avantage de demeurer irresponsables et
insaisissables en fait. Les motifs invoqués par la jurisprudence étaient puisés dans une sentence arbitrale du
10 août 1848. Voici le raisonnement mis en avant : Les
gérants sont des mandataires irrévocables lorsqu'ils sont
nommés par les statuts, mais c'est là un principe auquel
il peut être dérogé « sans porter atteinte aux règles qui
régissent la commandite ». En effet la faculté de révoquer
le gérant ne touche pas à la qualité du gérant qui personnifie la société, tant qu'il est maintenu, et elle ne constitue pas, d'autre part, une immixtion dans la gestion, car,
disait-on, ce qui constitue une immixtion prohibée c'est
l'intervention dans les rapports de la gérance avec les
tiers, mais la révocation du gérant par les actionnaires
rentre dans l'exercice du pouvoir de surveillance qui
appartient aux commanditaires (1).

Ce raisonnement est absolument antijuridique. Ce qui
distingue la commandite, c'est la dualité d'associés qui représentent, d'un côté, l'élément personnel et responsable,
et de l'autre, l'élément réel et irresponsable. Le pouvoir
d'administrer appartient naturellement et irrévocablement à l'associé responsable, c'est-à-dire au gérant. La
clause des statuts qui réserve aux commanditaires le droit
de révoquer le gérant porte atteinte au pouvoir d'administration du gérant qui se trouve par cette clause placé
sous la dépendance des commanditaires qui administreront en réalité la société. Elle a pour effet de faire de la

______

(1) La loi belge qui, comme la nôtre, défend au commanditaire simple de
faire aucun acte social, même en vertu de *procuration*, permet au commanditaire actionnaire d'agir en vertu d'une procuration (art. 31, al. 2).

société en commandite une espèce de société anonyme déguisée.

81. — Dans les sociétés anonymes il n'y a plus deux classes distinctes d'associés. Ici l'on comprend que les nouveaux actionnaires, s'ils forment la majorité, puissent révoquer, sans autre motif que celui de défaut de confiance, les administrateurs nommés par d'autres associés. Ce droit de révocation reste entier même à l'égard des administrateurs nommés par les statuts, et il ne serait pas restreint par la clause des statuts qui les déclarerait irrévocables pendant la durée de leurs fonctions. (Cass., 30 avril 1878, S, 78-1-313. Ce point qui pourrait être contesté sous l'empire de l'art. 31 C. com. est aujourd'hui fixé par l'art. 22 rapproché de l'art. 41, d'où il résulte que la révocabilité *ad nutum* des administrateurs est aujourd'hui une règle d'ordre public dont la violation entraînerait la nullité de a société (1).

82. — Nous appliquons au conseil de surveillance la solution donnée pour les administrateurs en ce qui concerne la révocabilité *ad nutum* ; car, comme les administrateurs, les membres du conseil de surveillance ne sont que les mandataires de la société. Cette solution est combattue par MM. Mathieu et Bourguignat par cette considération que, si les membres du conseil de surveillance sont

(1) MM. Mathieu et Bourguignat (n° 172) soutiennent seuls que les administrateurs ne sont pas révocables *ad nutum*, mais seulement pour cause légitime reconnue telle par les tribunaux. — MM. Boistel (Précis, p. 211) et de Courcy (p. 65) décident que les administrateurs révoqués des fonctions qui leur ont été conférées par les statuts, ont droit à des dommages et intérêts ; nous n'adoptons pas cette solution, qui est contraire au principe admis ci-dessus.

les mandataires des associés, ils sont avant tout responsables envers la loi qui trace leurs devoirs dans un intérêt supérieur d'ordre public. Nous n'y contredisons pas, mais il ne s'ensuit pas qu'ils ne soient pas révocables au gré des mandants ; on leur donnera des successeurs qui s'acquitteront mieux de leurs devoirs.

Les commissaires de contrôle sont également irrévocables *ad nutum* ; cela n'est pas dit par la loi parce que cela n'offre aucun intérêt, puisque les commissaires ne sont nommés que pour un an, et qu'ils n'exercent réellement leurs fonctions que pendant un trimestre ; mais le droit de révocation ne saurait être contesté. La loi belge dit expressément que le mandat des commissaires est toujours révocable par l'assemblée générale (art. 54 § 3.)

TROISIÈME PARTIE.

Conséquences résultant de l'inaccomplissement des conditions requises pour la constitution des sociétés par actions.

SECTION I.

Nullité de la société.

83. — Les articles 1, 2, 3, 4 et 5 doivent être observés à peine de nullité de la société (art. 7.) Cette règle est la reproduction de l'art. 6 de la loi de 1856 et de l'art. 4 de la loi de 1863. Il est évident que la société peut en outre être annulée pour un vice de droit commun, par exemple pour défaut de consentement.

Dans quelle hypothèse la violation de l'art. 2 entraîne-t-elle la nullité ? C'est dans le cas où les statuts contiendraient une clause dérogeant à l'art. 2 et portant que les actions seraient négociables avant la constitution de la société. En l'absence d'une pareille clause insérée dans les statuts, la négociation d'actions non libérées du quart, par quelque souscripteur, constitue une infraction sans influence sur la validité de la société.

Les causes de nullité contenues dans les quatre premiers articles sont communes aux sociétés en commandite par actions et aux sociétés anonymes (art. 24, § 1). En ce qui concerne ces dernières, la nullité dérive en outre de l'inobservation des articles 22, 23, 24 et 25 (art. 41).

84. — La nullité ne s'opère pas de plein droit, elle doit être prononcée par les tribunaux ; après avoir constaté l'existence de la cause, les tribunaux ne peuvent pas se refuser à prononcer la nullité. Elle est d'ordre public et elle ne peut pas être couverte par une exécution volontaire des conventions sociales, ni par une délibération spéciale prise à l'effet de la couvrir par les actionnaires réunis en assemblée générale.

Elle peut être invoquée par tous les intéressés sans que le défaut d'aucune des formalités puisse être invoqué contre les tiers par les associés (art. 7). Il n'y a pas à distinguer à ce sujet entre la société en commandite et la société anonyme, bien que la disposition finale de l'art. 7 n'ait pas été reproduite à la suite de l'art. 41. (Cour de Paris, 5 février 1872.)

Lors de la discussion de la loi, il fut dit que le mot « intéressés » devait s'entendre dans le sens attribué par la jurisprudence à ce mot dans l'article 42 C. com. relatif à la publicité des actes de société. Dans le système de la jurisprudence sont intéressés : les *créanciers de la société*, les *créanciers personnels des associés*, les *associés eux-mêmes.* On part de cette idée qu'une société mal constituée est un danger public et qu'il faut provoquer à demander la nullité de tous ceux qui ont un intérêt juridique.

85. — Il n'apparaît pas que les créanciers sociaux aient avantage à faire prononcer la nullité de la société, puisqu'ils excluent sur le fonds social les créanciers person-

nels des associés. Il semble qu'ils auraient plutôt intérêt à s'en tenir à l'apparence et à faire déclarer la société en faillite à l'époque où elle cesse ses payements. Ce droit est implicitement reconnu par la Cour de cassation qui décide que « c'est au tribunal du lieu où la société à son principal établissement que doit être déclarée la faillite de cette société, alors même qu'elle n'aurait pas d'existence régulière à défaut de l'accomplissement des formalités prescrites par la loi.» (Req., 15 mars et 29 mai 1875, S. 75-1-260, 358, et Paris, 5 février 1852, S. 73-2-75.) Mais s'ils jugent que l'actif de la société est insuffisant, ils auront plus d'intérêt à faire prononcer la nullité de la société irrégulière pour avoir ainsi le bénéfice des responsabilités qui résultent de la déclaration de nullité.

Ils auront également intérêt à faire prononcer la nullité de la société, dans le cas où ils sont de leur côté obligés vis-à-vis de la société par un contrat synallagmatique qui se trouve être onéreux pour eux. Ils obtiennent ainsi d'être déliés de leur propre engagement et ils peuvent même se faire allouer des dommages-intérêts.

Au point de vue des rapports des créanciers sociaux entre eux, un créancier peut avoir intérêt à faire prononcer la nullité de la société dans le cas où un autre créancier aurait obtenu une hypothèque sur un immeuble de la société. En invoquant la nullité, il fait tomber l'hypothèque et vient en concours avec lui sur le prix de l'immeuble.

Les créanciers sociaux peuvent invoquer la nullité alors même qu'ils auraient eu personnellement connaissance de la cause de la nullité, au moment où ils ont traité avec la société. (Cass., 11 mai 1870.)

Evidemment les débiteurs sociaux n'ont pas qualité pour demander la nullité; ils ne sont pas intéressés, car la nul-

lité n'aurait pas pour effet de les affranchir de leur obligation, sauf le cas de compensation.

86. — Nous considérons comme *intéressés* les créanciers
personnels des associés, à qui nous reconnaissons le droit
de provoquer la nullité alors même qu'ils se trouvent en
face de créanciers sociaux. Cette solution admise par la
jurisprudence et par la majorité des auteurs rencontre
pourtant des contradicteurs dont l'autorité est considérable qui appliquent ici le principe que les créanciers ne
sauraient avoir plus de droits que leur débiteurs. Or, nous
l'avons vu, la loi refuse aux associés le droit d'opposer la
nullité aux tiers. Nous estimons au contraire que ce raisonnement ne saurait prévaloir contre les termes généraux
employés par l'art. 7. En dehors du cas où ils se trouvent
en présence des créanciers sociaux, les créanciers personnels des associés peuvent provoquer la nullité de la société
soit en vertu de l'action directe qui leur est attribuée par
l'art. 7, soit en vertu de l'action oblique de l'article 1166.
C. c.

87. — Les associés eux-mêmes sont intéressés à faire
prononcer la nullité. On ne pourrait pas leur refuser ce
droit par la raison que, la société étant leur œuvre, ils sont
en faute. Nous avons vu que les associés demeurent pour
la plupart étrangers à la constitution de la société, et
d'ailleurs on n'a pas l'idée d'une répression qui obligerait
les associés à demeurer dans une situation précaire et
provisoire sous le coup de la menace perpétuelle de la demande en nullité qui serait intentée par les tiers. Les
associés ont intérêt à former au plus tôt leur demande en
nullité : ils éviteront par là d'effectuer les versements ulté-

rieurs, à supposer que des engagements n'aient pas été contractés vis-à-vis des tiers pour le montant intégral des actions (1).

On considère comme intéressé et par conséquent admis à provoquer la nullité, le gérant lui-même, sauf à subir les conséquences des actes auxquels il a participé et dont il est responsable. (Cass, 3 juin 1862,, Req.; 22 nov. 1869 S. 70-2-81.)

Les effets du jugement prononçant la nullité de la société peuvent être invoqués par tous les intéressés sous les conditions dans lesquelles ces effets se produisent (2). Nous nous proposons de rechercher les effets de la nullité de la société : 1° au point de vue des rapports des associés entre eux ; 2° des associés avec les créanciers sociaux ; 3° des associés avec leurs créanciers personnels ; 4° des créanciers sociaux avec les créanciers personnels.

§ 1er. — *Rapport des associés entre eux.*

88. — Il faut d'abord distinguer selon que la société a été annulée avant qu'elle ait commencé les opérations sociales, ou seulement après. Dans le premier cas chaque associé reprend ses apports ; il n'y a eu en réalité qu'un simple projet. La seule question qui se pose est celle de savoir

(1) Dans la société anonyme, les créanciers peuvent agir directement contre les actionnaires pour les contraindre au versement de leur mise; dans la société en commandite, les créanciers ne peuvent attaquer directement les actionnaires commanditaires qu'en cas de faillite.

(2) La décision qui a repoussé la demande en nullité d'une société anonyme formée par un actionnaire n'est pas opposable à un autre actionnaire non représenté au procès qui renouvelle cette demande personnellement. (Req. 25 janv. 1881, Dal. 1, 252.)

qui supportera les frais faits pour arriver à la constitution : nous l'avons résolue. Nous supposons à présent
que la société n'est annulée qu'après qu'elle a fonctionné
pendant un certain temps ; comment doit se liquider cette
société ?

Dans un premier système on soutient que la société annulée devrait être liquidée d'après le droit commun (art.
1853 C. c.). — Mais cet article n'est pas écrit en vue du
cas où la société est anulée, il contient le règlement de la
loi sur le mode de liquidation d'une société régulière pour
le cas où les parties n'ont adopté aucun autre mode de règlement. Mais lorsque les associés ont formellement écarté
cette base de liquidation, on ne peut pas la leur imposer
après coup; cela serait arbitraire.

Le système suivi par la jurisprudence et par la majorité
des auteurs est ainsi conçu : la liquidation devra s'effectuer d'après les bases du pacte social. Cette solution repose sur une distinction formulée par Merlin (*Q. de dr.*,
Sociétés, § 1, n° 4) qui dit que « les seuls cas dans lesquels
la nullité prononcée doit produire un effet rétroactif sont
ceux où la nullité provient soit d'un vice inhérent à l'acte,
soit d'un fait personnel à la partie contre laquelle l'annulation est demandée ».Or, ici les conditions dont l'inobservation entraîne la nullité ne sont que des mesures de réglementation. Lors même que quelques-unes de ces conditions n'ont pas été exécutées, la volonté des parties n'en
est pas moins certaine ; elle a produit sinon une société,
du moins une communauté d'intérêts licite dont la liquidation doit s'effectuer d'après les bases adoptées par le
pacte social qui est l'expression de la volonté des contractants. Il y a bien un cas où la société doit être annulée
sans qu'il y ait lieu de tenir compte des clauses de l'acte

social: c'est lorsque la société avait un objet illicite. Alors on applique simplement l'article 1131 C. c. Mais la société annulée pour inobservation d'une des conditions spéciales a produit dans le passé des effets dont on doit tenir compte et pour ne léser aucun intérêt, le plus simple est de régler le passé d'après les prévisions des contractants. Toute autre manière de procéder ne pourrait être suivie qu'au détriment ou à l'avantage de quelques-uns des associés. L'application de l'art 1853 C. c. amènerait cette conséquence qu'un commanditaire serait tenu au delà de sa mise, ce qui est contraire à la fois aux prévisions des parties et à celles des tiers.

89. — Dans un troisième système on restreint la solution rapportée ci-dessus au cas où la société est annulée pour défaut de publicité, et cela parce que l'art. 56 relatif au fait de publicité dit tout simplement que « les formalités prescrites par l'article précédent et par le présent article seront observées à *peine de nullité* », au lieu que les articles 7 et 41 disent que la société est *nulle ou de nul effet*. — Ce système est enseigné par MM. Mathieu et Bourguignat, n° 72. — Nous nous prononçons contre cette interprétation, d'abord parce qu'il a été déclaré lors de la discussion des lois de 1856 et de 1867 qu'il fallait s'en rapporter à la jurisprudence qui s'était formée sur l'art. 42 C. com.; or, la jurisprudence n'a jamais distingué. A l'argument tiré de ce que la publicité n'est qu'une formalité extrinsèque qui n'est exigée qu'après la constitution de la société et dont le défaut n'empêche pas que la société ait été constituée, nous répondrons que la loi ne distingue pas, que la société non publiée est aussi dénuée d'effets que la société irrégulière et que pour les deux cas la loi pro-

nonce la nullité. Ajoutons que dans le cas de l'article 7, comme dans celui de l'art. 56, les conditions qui font défaut ont un certain caractère arbitraire, étranger à la formation des contrats. Ces considérations suffisent à justifier le système suivi par la jurisprudence. Nous n'invoquerons pas l'argument qu'on nous prête « qu'il y aurait pour le passé ratification au fur et à mesure que la société fonctionne », parce que, la nullité étant d'ordre public, une pareille nullité ne peut pas être ratifiée.

90. — Les effets de la nullité entre associés sont, dans le système que nous adoptons, ceux d'une dissolution pure et simple. Le partage de l'actif social a lieu d'après les bases de l'acte social; toutes les opérations faites par le gérant ou par les administrateurs sont tenues pour des opérations sociales. Les apports sociaux, devenus la propriété commune des associés, doivent à ce titre être compris dans la liquidation. Nous réservons cependant le cas où, dès le début du fonctionnement de la société, l'un des associés provoquerait la nullité de la société dans la pensée de retirer de la liquidation un bénéfice inespéré : dans ce cas, en prononçant la nullité, le jugement pourrait dire que les associés commenceront par prélever leu s apports. C'est là une pure question d'appréciation, mai nous ne donnons cette solution que pour le cas où la société aurait à peine commencé à fonctionner ; on procéderait alors comme si la société n'avait pas encore fonctionné.

§ 2. — *Rapports des associés avec les créanciers sociaux.*

91. — En envisageant les rapports que l'annulation de la société engendre entre les associés et les créanciers so-

ciaux, nous nous demandons si les associés pourraient être poursuivis comme associés en nom collectif, c'est-à-dire comme solidairement responsables. On trouve dans la jurisprudence récente un arrêt de la Cour de cassation du 25 février 1879 (S. 81-1-441), qui a décidé que « les *administrateurs* d'une société prétendue anonyme établie avant la loi du 24 juillet 1867, sans l'autorisation du gouvernement et n'ayant pas dès lors d'existence légale, doivent être réputés, à l'égard des tiers, membres d'une société en nom collectif et sont tenus solidairement de tous les engagements sociaux, alors surtout que, du commencement à la fin de son existence, la société n'a été dans son organisation et sa gestion qu'une œuvre indivisible de dol et de fraude ». Le système de la Cour de cassation sur ce point, tel qu'il se révèle dans un arrêt des requêtes du 28 février 1859 (rec. Dal. 1860, p. 627), est qu'il y aurait lieu de considérer comme associés collectifs les membres d'une société qui a fonctionné publiquement comme société en nom collectif de telle façon que les tiers aient pu être trompés par l'apparence d'une société de fait existant entre les associés en nom collectif et les commanditaires. Cette solution est certainement très juridique (art. 28 C. com); mais en principe, dans le cas où la société est entachée de vices de constitution, on doit décider que le droit des créanciers se borne à faire prononcer la nullité. On ne s'expliquerait pas comment, la société étant annulé, l'actionnaire pourrait être tenu pour associé en nom collectif. Ce serait là une peine qui ne peut pas être suppléée.

92. — Nous avons dit que les créanciers sociaux ont le droit de tenir la société pour valable et de la faire déclarer en faillite; ce droit est si entier que dans le cas où la

société aurait été annulée à la requête de quelques-uns des associés, cette annulation serait sans influence sur les droits qui leur auraient été conférés par la société ; pour eux et pour les tiers en général, la société annulée sur la demande des associés ne serait qu'une société dissoute, parce que la nullité ne peut pas leur être opposée par les associés.

§ 3. — *Rapports des associés avec leurs créanciers personnels.*

93. — Les *créanciers personnels* des associés peuvent exercer l'action directe ou l'action oblique du chef de leur débiteur associé. Selon les cas, ils opteront pour l'une ou pour l'autre de ces actions, qui produisent des effets bien différents. L'action directe a pour effet d'anéantir la société, même dans le passé, comme si elle n'avait jamais existé. Les apports rentrent dans le patrimoine des associés et, s'il reste des bénéfices, ils sont partagés entre les prétendus associés comme entre simples communistes. Nous verrons que l'action directe est la seule que les créanciers personnels puissent invoquer quand ils se trouvent en face de créanciers sociaux.

Il est des cas où les créanciers personnels auront plus d'intérêt à invoquer la nullité du chef de leur débiteur. Tel est celui où leur débiteur, qui a apporté son industrie seulement, aurait stipulé des avantages considérables, comme le prélèvement d'un tant pour cent dans les bénéfices. Dans ce cas, par l'action oblique, les créanciers personnels bénéficieront des avantages acquis ; car, nous l'avons vu, entre les associés la nullité est l'équivalent de la dissolution. Supposons, au contraire, qu'un associé ait apporté pour un avantage minime un brevet d'invention d'une grande importance, les créanciers personnels de cet associé exerceront *proprio nomine* l'action en nullité de la société pour vice de constitution, si quelque irrégularité a été commise, et ils feront annuler la société d'une manière absolue. De cette façon, leur débiteur reprendra son brevet, qu'il pourra exploiter avec plus d'avantage. Il est vrai qu'ici l'acte de nullité peut couvrir bien des fraudes.

94. — La question se pose de savoir *si les créanciers personnels des associés peuvent se prévaloir de la nullité contre les créanciers sociaux.* Pour la négative on dit : Les associés ne peuvent pas invoquer la nullité contre les tiers. Or, leurs créanciers n'ont pas plus de droits qu'eux ; ils ne pourraient agir qu'en vertu de l'article 1167, mais une société irrégulière n'est pas nécessairement frauduleuse. La jurisprudence admet, au contraire, les créanciers personnels en concours avec les créanciers sociaux. Nous croyons qu'il y a une bonne raison pour admettre sur ce point les décisions de la jurisprudence, puisque le législateur, à tort ou à raison, a voulu qu'on se référât aux décisions de la jurisprudence sur l'art. 42 C. com.

Nous convenons que la négative est seule d'accord avec les principes généraux, mais nous croyons que sur ce point le législateur a écarté l'application des principes généraux. L'article 7 s'exprime d'une manière trop absolue pour qu'on soit autorisé à en diminuer la portée par des distinctions fondées sur les principes généraux.

Il faut que toute société constituée en violation des règles de la loi puisse toujours être annulée sur la poursuite des intéressés. Voilà l'idée dominante. On comprend que si la société prospère ou a une apparence de prospérité, les créanciers sociaux n'ont aucun intérêt à la faire annuler. Il peut d'ailleurs arriver qu'ils ignorent le vice qui entache la constitution de la société et, s'ils le connaissent, il est à craindre qu'ils ne dictent des conditions onéreuses aux associés en les menaçant de la nullité ; de sorte que si la fraude est à redouter de la part des créanciers personnels dans leurs rapports avec les associés, il faut aussi reconnaître qu'elle peut se produire de la part des créanciers sociaux de connivence avec les associés. Nous dirons que, si toute société irrégulière n'est pas nécessairement frauduleuse, il est à craindre qu'elle ne puisse durer qu'en recourant à la fraude. La Cour de cassation décide, avec raison suivant nous, que s'ils se trouvent en présence des créanciers personnels qui invoquent la nullité, les créanciers sociaux ne peuvent pas invoquer contre eux l'existence de la société pour la faire déclarer en faillite (Cass., 24 août 1863, S. 63-1-486), et l'on admet que les créanciers personnels ont le droit de concourir au marc le franc avec les créanciers sociaux à la répartition de l'actif social ; cela s'entend de la portion d'actif revenant à leur débiteur (Rennes, 6 mars 1869, S. 69-2-254). Ajoutons que les seuls créanciers personnels admis à concourir sont ceux dont la créance a date certaine antérieurement à la dissolution de la société irrégulière (arrêt du 7 mars 1849). Il n'y a pas lieu de s'arrêter à l'opinion qui soutient qu'il faudrait que la créance existât déjà au moment où la société s'est formée.

95. — Dans quel délai doit être formée la demande en nullité ? — Dans un premier système on prétend que la nullité, n'étant que relative dans ses effets, est susceptible de se couvrir par l'expiration du délai de dix ans, confor-

mément à l'article 1304. Ce système s'appuie sur ce que l'on admet généralement que le passé d'une société annulée doit se liquider d'après les bases du pacte social. Les dix ans écoulés apporteront la confirmation de ce qu'on pouvait faire annuler. — Mais justement le caractère de cette nullité exclut la confirmation (art. 6 C. c.). La société étant nulle pour vice de constitution, on n'a pas la ressource d'en constituer une nouvelle; à ce point de vue cette solution peut être rapprochée de l'art. 1339 C. c.

Dans un deuxième système, on applique l'art. 2262. Toutes les actions tant réelles que personnelles se prescrivent par trente ans.

Enfin dans un dernier système, qui est celui que nous adoptons, l'action en nullité de la société irrégulière est imprescriptible. La prescription est un moyen d'acquérir ou de se libérer, mais ne peut servir à faire naître une société entre des personnes qui ont négligé de se conformer aux règles prescrites pour la constitution des sociétés (en ce sens MM. Lyon-Caen et Renault, nº 435). Mais nous admettons que l'action en répétition des versements opérés, qui donne lieu à une *condictio sine causa* se prescrit par trente ans.

Est nulle toute stipulation tendant à restreindre le droit de demander la nullité (*nulli querelæ subjectus est qui jure suo utitur.*) En conséquence la clause de dédit stipulé pour le cas où l'un des associés voudrait se retirer avant le terme convenu demeure sans effet.

96. — A quel moment ne peut-on plus invoquer la nullité?

Il y a intérêt à faire prononcer la nullité même après la dissolution à raison des responsabilités qui dérivent de la nullité : mais l'action en nullité n'aurait plus d'objet si la société dissoute avait un actif suffisant pour désintéresser tous les créanciers. En principe l'action en nullité n'est admissible qu'autant qu'elle peut produire au profit de celui qui l'intente des avantages autres que ceux résultant de la dissolution. (Cass. 3 juin 1862, S. 63-1-189. Req. 7 juil. 1873, S. 73-1-388). La nullité ne pourrait plus être demandée si, la société étant dissoute par l'expiration du terme, il y avait eu liquidation et partage entre les associés (Req. 27 mai 1861).

Section II.

Responsabilités résultant de l'inaccomplissement des conditions requises pour la constitution des sociétés par actions.

97. — La responsabilité a sa source dans la nullité de la société. Il faut que la nullité de la société ait été prononcée préalablement par la justice. D'ailleurs, si la société avait cessé d'exister, la déclaration de nullité n'aurait plus d'intérêt ; il suffirait alors que la nullité de la société, d'où dérive la responsabilité, fût constatée dans le jugement qui prononce sur la responsabilité (Lyon, 26 mars 1860, S. 60-2-365 et Req., 12 avril 1864, S. 64-1-169). Ces arrêtés ont été rendus sous la loi de 1856 qui était, à ce sujet, moins expresse que la loi actuelle, dont l'art. 8 porte : « ...responsables du dommage résultant... de l'*annulation* de la société. »

§ 1er. — *Sociétés en commandite par actions.*

Pour les sociétés en commandite par actions sont responsables : *le gérant, les membres du conseil de surveillance et les associés dont les apports ou les avantages n'auraient pas été vérifiés conformément à l'art. 4 ci-dessus.*

98. — *a.* Pour les gérants chargés de l'accomplissement des conditions fondamentales, la responsabilité n'avait pas besoin d'être prononcée. Ils sont responsables en vertu des règles générales du droit et par application du principe : quiconque s'oblige oblige le sien. Le gérant est tenu, en sa qualité de gérant, de toutes les dettes sociales ; les créanciers peuvent agir directement et *in infinitum* contre lui. Toute la question est de savoir si la nullité de la société rend le gérant responsable vis-à-vis des associés. Sur ce point, l'art. 8 met sur le même rang les associés et les tiers. Mais ceci doit être entendu en ce sens que le gérant n'est responsable envers les associés que du dommage résultant de l'annulation de la société, au lieu qu'il est tenu envers les tiers de la totalité des engagements contractés par la société.

99. — *b.* Les membres du *premier* conseil de surveillance *peuvent* être déclarés responsables *avec le gérant.* Il résulte de là que cette responsabilité n'est que facultative et qu'elle n'est que subsidiaire. La loi de 1856, qui a rendu obligatoire l'institution des conseils de surveillance, les

traitait d'une manière autrement rigoureuse. Aux termes de l'art. 7, les membres du conseil de surveillance pouvaient être déclarés responsables *solidairement et par corps* avec les gérants de toutes les opérations faites postérieurement à leur nomination.

La responsabilité à raison de l'annulation de la société irrégulière ne pèse que sur le premier conseil de surveillance. L'art. 8 contient la sanction de l'obligation portée dans l'article 6, aux termes duquel le premier conseil de surveillance doit, immédiatement après sa nomination, vérifier si toutes les dispositions contenues dans les articles qui précèdent ont été observées.

100. — Le conseil de surveillance serait-il responsable de ce que le gérant aurait commencé les opérations sociales avant qu'il fût nommé, c'est-à-dire avant la constitution définitive de la société? M. Bedarride (nos 104 et 182) pense que le conseil de surveillance s'exonérerait de cette responsabilité en convoquant immédiatement l'assemblée générale appelée à se prononcer sur ce qui aurait été fait. Notons que l'assemblée générale ne pourrait pas ratifier cette irrégularité qui est un motif de nullité. — Mais supposons que le conseil de surveillance n'ait pas connu ces faits, doit-il être déclaré responsable du dommage résultant de l'annulation de la société prononcée pour cette cause? Nous pensons que la question doit être résolue en fait et qu'il y aurait lieu de prononcer la responsabilité si, en faisant attention, le conseil de surveillance avait pu connaître cette cause de nullité. C'est la conséquence du principe que la loi a entendu laisser aux tribunaux l'appréciation de la sanction établie à l'égard du conseil de surveillance.

101. — Le fondement de la responsabilité des membres du conseil de surveillance réside, en ce qui touche les rapports du conseil avec les tiers, dans l'accomplissement d'une obligation imposée par la loi (art. 6), dont l'inexécution donne lieu à la poursuite basée sur l'article 1388 C. c. (1). — Vis-à-vis des associés la responsabilité des membres du conseil de surveillance dérive du mandat.

Il ne saurait être question d'une action en responsabilité dirigée par le gérant contre le conseil de surveillance; il n'existe entre le gérant et le conseil de surveillance aucun rapport de droit qui puisse servir de base à une action du gérant contre le conseil de surveillance, sauf l'application des articles 1382 et 1383. Nous avons cependant reconnu que le gérant peut faire annuler la société. Les membres du conseil de surveillance, déclarés responsables *avec le gérant* du dommage résultant de l'annulation de la société auraient un recours à exercer contre le gérant à raison des condamnations prononcées contre eux, résultant du fait du gérant. Par application de cette règle, au cas d'une poursuite dirigée contre le conseil de surveillance par les créanciers de la société annulée, le juge devra se borner à statuer sur la question de responsabilité, sans s'inquiéter du *quantum* des réparations, ce chiffre ne pouvant être arrêté qu'après la fixation de solvabilité du gérant, et cela par la raison que le gérant personnifie la société vis-à-vis des tiers, et que la nullité de la société ne préjudicie aux tiers qu'au delà des limites du patrimoine du gérant. — Il n'en est pas de même en ce qui concerne les associés. Vis-à-vis de ces derniers le gérant n'est responsable que de son propre fait; s'il est établi que la nullité de la société se rattache à une faute du conseil de surveillance, le conseil de surveillance doit être poursuivi directement en responsabilité, sans recours possible contre le gérant lorsque le gérant n'est pas responsable. Tel est le cas où une assemblée générale constitutive aurait été viciée par la présence de faux actionnaires, en supposant que le gérant n'eût pas pu se rendre compte de cette irrégularité.

102.—c.Enfin sont responsables les associés dont les apports ou les avantages n'ont pas été vérifiés conformément à l'article 4. Notre disposition diffère de celle de la loi de 1856 qui portait : « La même responsabilité solidaire peut être prononcée contre ceux des fondateurs de la société qui ont fait un apport en nature ou au profit desquels ont été stipulés des avantages particuliers. » D'abord notre loi n'exige plus des apporteurs la qualité de fondateurs (1).

Sous la loi de 1856, la question s'agitait de savoir si les fondateurs,dont les apports ou les avantages n'avaient pas été vérifiés, étaient responsables même de l'inaccomplissement des autres conditions, à cause des expressions : « *la même responsabilité solidaire... que celle du gérant et du conseil de surveillance peut être prononcée* ». Notre loi a tranché la question dans une phrase incidente : les associés qui font des apports ne sont responsables que «*du défaut de vérification ou d'approbation conformément à l'art. 4* ».Sous le régime de la loi de 1856,on décidait même que la responsabilité devait peser sur tous les fondateurs qui avaient fait des apports ou stipulé des avantages, sans en excepter même ceux qui les avaient fait vérifier et approuver, à cause de la généralité des termes de la loi. (Dalloz, Sociétés, n° 1246). — Mais il est vrai que cela ne s'entendait que des fondateurs.

(1) Sous la loi de 1856, l'associé qui n'était pas fondateur n'était tenu qu'en vertu de l'article 1382. S. 62, 1, 783, S. 74, 1, 80.

§ 2. — *Sociétés anonymes.*

103. — L'art. 42 pose la règle des responsabilités dans les sociétés anonymes (1). Il y a, comme dans les sociétés en commandite, trois catégories de personnes sur lesquelles pèse la responsabilité qui est la conséquence de la nullité de la société pour inaccomplissement des conditions constitutives. Ces personnes sont : *les fondateurs,* car ils sont en faute et la nullité leur est imputable, *les administrateurs qui étaient en fonctions au moment où la nullité a été encourue* enfin *les apporteurs en nature ou ceux qui ont stipulé des avantages particuliers non vérifiés.* (L'article 42 de notre loi reproduit l'art. 25 de la loi du 23 mai 1863 sur les sociétés a responsabilité limitée.)

104. — *a.* Sont responsables *les fondateurs.* Sur la question de savoir qui est fondateur, M. Duvergier a répondu dans son rapport sur la loi de 1863: « Dans la pratique personne ne se méprendra sur les personnes que ce mot désigne ; l'idée première d'une société appartient toujours à quelques personnes qui, après l'avoir mûrie, cherchent à la propager ; elles sollicitent et obtiennent des adhésions, elles fondent véritablement la société. Le vœu de la loi est que les fondateurs soient associés. Un individu qui par ses soins parviendrait à déterminer un certain nom-

---

(1) L'article 42 présente une irrégularité de rédaction. Il aurait fallu retrancher de cet article les mots « actes et délibérations », puisqu'il n'en est pas question à l'art. 41, visé par l'art. 42. Il est question des actes et délibérations modificatifs des statuts,. à l'art. 61, à propos des formalités de publicité.

bre de capitalistes à fonder une société à laquelle il resterait étranger, ne serait qu'un agent, non un fondateur. »

Les fondateurs d'une société anonyme sont responsables au même titre que le gérant d'une société en commandite de la nullité de la société dont la constitution est presque en entier leur œuvre. Les fondateurs sont présumés en faute, par le seul fait qu'une irrégularité quelconque a été commise ; c'est ainsi qu'il faut entendre le membre de phrase « auxquels la nullité est imputable » de l'art. 42. C'est là un développement et non une restriction, comme on l'a prétendu pour soutenir qu'il pourrait y avoir des fondateurs auxquels la nullité ne serait pas imputable, et qui pourraient se faire exonérer de la responsabilité qui tomberait seulement sur ceux à qui la nullité est imputable, — Nous repoussons cette distinction contraire à l'esprit et à la lettre de la loi qui déclare tous les fondateurs tenus d'une responsabilité collective et solidaire.

105. — *b.* Sont responsables *les administrateurs en fonctions au moment où la nullité a été encourue* (1).

Cette disposition ne s'applique pas exclusivement, comme on l'a prétendu, aux administrateurs nommés par les statuts avec stipulation que leur nomination ne serait point soumise à l'approbation de l'assemblée générale ; elle s'applique aussi aux administrateurs nommés par l'assemblée

______

(1) D'après le Code de commerce italien (art. 139. al. 1, projet des art. 145, al. 1), dans le cas de faillite de la société, les administrateurs sont tenus, comme coupables de banqueroute simple, si, par leur faute, toutes les règles établies pour la constitution de la société n'ont pas été observées. Ils sont déclarés coupables de banqueroute frauduleuse s'ils ont faussement indiqué le capital souscrit ou versé. (Vidari, *Società*, n° 974.)

Escoffier. 9

générale. On oppose à notre solution un argument tiré de ce que les administrateurs, autres que ceux désignés par les statuts, ne sont nommés que postérieurement à l'acte qui constate la souscription du capital social et le versement du quart du capital social qui consiste en numéraire, et par conséquent, dit-on, ils ne peuvent être déclarés responsables à raison d'une nullité résultant d'irrégularités commises avant leur entrée en fonctions.

A cette argumentation on peut répondre que la loi a établi la responsabilité des administrateurs en fonctions au moment où la nullité a été encourue, que la société ne peut être annulée avant d'avoir été constituée et qu'elle n'est constituée qu'après que les administrateurs ont accepté leurs fonctions. Or, la nullité peut exister en germe dans une irrégularité antérieure, elle ne produit effet qu'au moment où la société est déclarée constituée, au mépris de l'irrégularité qui doit entraîner la nullité. Tant que la société n'est pas constituée, les causes de nullité sont incertaines, les irrégularités peuvent être réparées, dût-on constituer la société sur de nouvelles bases. (Paris, 28 mai, 1869, D. 69-2-145.)

106. — Mais on a dit : L'article 42, qui place les administrateurs à côté des fondateurs, ne vise pas uniquement la responsabilité résultant de la nullité pour vice de constitution ; il s'occupe aussi de la responsabilité qui découle de la nullité des actes et délibérations dont il est parlé à l'article 61 de notre loi et on explique cet article de la manière suivante : Les fondateurs sont exclusivement responsables de la nullité pour vices de constitution; les administrateurs nommés par les statuts sont soumis à la même responsabilité. Au contraire, les administrateurs nommés

par l'assemblée générale postérieurement à l'accomplissement des conditions fondamentales, répondront de la nul·
lité qui serait encourue pendant qu'ils sont en fonctions
pour défaut de publication des actes et délibérations dont
il est parlé à l'article 64.

Nous nous refusons à admettre cette distinction ; suivant nous, les administrateurs sont responsables au même
titre que les membres du conseil de surveillance. Que si
l'on nous oppose que la loi n'impose pas aux administrateurs une obligation analogue à celle que l'article 6 édicte
pour le conseil de surveillance, nous répondrons que la
sanction suppose l'obligation. L'article 42 déclare les administrateurs responsables des conséquences de la nullité
de la société irrégulière. Il est vrai que l'article 24, § 2,
dit que la première assemblée générale devra vérifier la
sincérité de la déclaration notariée faite par les fondateurs.
Cette vérification par l'assemblée générale aura pour effet
de faire découvrir les irrégularités relatives à la souscription du capital et au versement du quart qui consiste en
numéraire. On réparera les irrégularités commises avant
d'aller plus loin ; mais comme la vérification par l'assemblée générale pourrait avoir été faite un peu sommaire-
ment, il est nécessaire que les administrateurs nommés se
livrent à un examen plus attentif de ce qui aura été fait. A
supposer même (ce que nous n'admettons pas) que les administrateurs n'eussent pas à revenir sur la vérification
qui a été faite par l'assemblée générale, comme cette vérification ne porte que sur la sincérité de la déclaration no·
tariée, il faudrait bien reconnaître que les administrateurs
doivent au moins vérifier si les prescriptions de la loi ont
été observées en ce qui concerne la composition des assemblées générales et le rôle de ces assemblées. On ne peut

pas supposer que la loi, qui a exigé cette vérification pour les sociétés en commandite dans lesquelles se trouve un gérant indéfiniment responsable, n'ait pas prescrit la même mesure de précaution pour les sociétés anonymes constituées sur l'initiative de fondateurs qui disparaissent sans laisser aucune garantie (1). Nous tenons que les administrateurs sont responsables, conjointement et solidairement avec les fondateurs, de la nullité pour vice de constitution.

107. — c. Enfin sont responsables ceux des associés dont les apports ou les avantages particuliers soumis à vérification, n'ont pas été approuvés conformément à l'art. 24, mais seulement pour cette cause. C'est la reproduction de la règle formulée pour les sociétés en commandite par actions par l'article 8. A la différence de ce qui est établi pour les fondateurs et les administrateurs, la responsabilité n'est que facultative à l'égard des apporteurs. Ajoutons que l'action en responsabilité à laquelle sont exposés les apporteurs est uniquement basée sur le défaut de vérification des apports et des avantages qui entraîne la nullité de la société. Les apporteurs sont présumés être en faute par cela seul que les dispositions relatives à la vérification des apports n'ont pas été régulièrement observées. En ce

(1) Les administrateurs sont tenus de veiller à la publication des actes par lesquels la société s'est constituée. Or, cette obligation implique également le devoir pour eux de vérifier la régularité des actes dont il s'agit. (Paris, 28 mai 1869.)

Les fondateurs peuvent ne pas être actionnaires dans notre loi. Le code allemand ne parle pas des fondateurs; mais, comme notre loi, il déclare les auteurs des opérations faites pour arriver à la constitution de la société, solidairement responsables. Dans la loi anglaise, les fondateurs sont des associés; il n'en est pas question à d'autre point de vue. La déclaration à l'officier public (*registrar*) est faite par tous les actionnaires fondateurs qui déclarent s'obliger chacun pour un certain nombre d'actions.

qui touche la majoration de la valeur des apports ou de l'importance des avantages, nous avons vu que la loi réserve l'action pour dol ou pour fraude.

---

108. — Nous passons à l'examen des *caractères de la responsabilité* dont sont tenus les membres du conseil de surveillance ou les administrateurs, en cas d'annulation de la société en commandite par actions ou de la société anonyme.

On admet généralement que la responsabilité qui pèse sur les membres du conseil de surveillance est divisée, individuelle et non solidaire, et cela par application de l'article 1202 du Code civil. Nous sommes d'avis que la responsabilité qui doit peser sur les membres du conseil de surveillance auxquels est imputable la nullité de la société est une responsabilité solidaire, et cela par cette raison que chacun des membres du conseil de surveillance, qui s'est rendu coupable de négligence, a causé le dommage pour le tout et que le nombre des coupables ne peut pas diminuer la responsabilité de chacun. (M. Colmet de Santerre; Oblig. p. 218, MM. Lyon-Caen et Renault n° 437.)

Il en est autrement de la responsabilité que les membres du conseil de surveillance encourent à propos du fonctionnement de la société. A ce sujet, l'article 9 dit que chaque membre du conseil de surveillance est responsable de ses fautes personnelles, au lieu que quand il s'agit de la nullité de la société pour vice de constitution, la loi dit que les membres du premier conseil de surveillance peuvent être déclarés responsables. Vu l'impossibilité de déterminer la part de chacun dans le quasi-délit indivisible qui amène la nullité de la société, nous les tenons pour solidairement responsables. Il s'agit, bien entendu, d'une solidarité imparfaite. Il en est autrement des administrateurs d'une société anonyme, responsables de la nullité de la société que la loi déclare solidairement responsables (art. 42). Ici nous avons la solidarité parfaite. Voilà la différence que nous admettons. A l'égard des membres du conseil de surveillance on devra provoquer contre tous la condamnation solidaire pour bénéficier de tous les avantages attachés aux obligations solidaires proprement dites. La solution que nous avons admise sur le caractère de la responsabilité des membres du conseil de surveillance n'est que l'application des règles du droit commun sur le quasi-délit indivisible. Elle est d'ailleurs seule conforme à l'équité. C'est ce qui est reconnu par les partisans de l'opinion contraire qu'on s'efforce de justifier par des considérations d'une importance secondaire. Soutenant que les membres du conseil de surveillance ne sont tenus que d'une responsabilité individuelle et divisée, M. Vavasseur dit : « Mais il y a une raison qui peut *expliquer, sinon justifier* ce traitement dissemblable : c'est que le gérant reste à la tête de la société et que les fondateurs disparaissent pour laisser la place aux administrateurs dès lors seuls en évidence, et souvent seuls susceptibles d'être utilement touchés par l'action en responsabilité. »

109. — Ce qui distingue réellement la responsabilité des membres du conseil de surveillance de celle des administrateurs, c'est qu'elle n'est, à l'égard des premiers, que facultative, tandis qu'elle est obligatoire à l'égard des administrateurs ; c'est que le conseil de surveillance n'encourt qu'une responsabilité subsidiaire ; le principal agent responsable est le gérant ; sur lui s'exerce d'abord l'action en

responsabilité; les administrateurs sont au contraire solidairement responsables avec les fondateurs. La loi de 1856
avait établi la solidarité entre le conseil de surveillance et
le gérant; cela était évidemment contraire à l'équité. Qu'il
en soit ainsi dans les sociétés anonymes, cela se comprend
parce que les administrateurs continuent le rôle des fondateurs auxquels ils succèdent, au lieu que dans une société
en commandite le gérant, seul auteur de la société, jouit
d'une indépendance presque absolue vis-à-vis du conseil
de surveillance, qui n'est nommé d'ailleurs qu'après la
constitution de la société.

110. — Une grave différence réside dans l'*étendue des
responsabilités*. Nous avons dit que la responsabilité est facultative à l'égard du conseil de surveillance. Cela doit
s'entendre en ce sens que les juges sont investis d'un pouvoir discrétionnaire pour décider si la nullité de la société
se rattache à une faute du conseil de surveillance. Au contraire, tout pouvoir d'appréciation est refusé au juge quand
il s'agit d'une action en responsabilité dirigée contre les
administrateurs d'une société anonyme. La sanction est
de droit.

La loi de 1856 déclarait les membres du conseil de surveillance responsables de toutes les opérations faites postérieurement à leur nomination. A l'égard des créanciers
sociaux, ils étaient obligés *in infinitum* solidairement avec
le gérant. A l'égard des actionnaires la responsabilité ne
les obligeait que jusqu'à concurrence du tort causé par les
actes dommageables du gérant conformément à l'art. 1384.
Suivant M. Dalloz (Sociétés, n° 1243), leur responsabilité
s'étendait à toutes les pertes résultant des opérations
accomplies. Cela était excessif; aussi les tribunaux avaient

substitué leur appréciation à la disposition de la loi. La loi actuelle s'est conformée à la jurisprudence. L'étendue de la responsabilité est ainsi limitée : réparation du dommage résultant pour la société et pour les tiers de l'annulation de la société. C'est la responsabilité de droit commun. Les tribunaux auront à vérifier si l'annulation a été dommageable pour les créanciers ou pour les associés et à se prononcer sur le *quantum* du dommage.

Pour les administrateurs des sociétés anonymes la responsabilité a un caractère autrement rigoureux. L'article 42 ne restreint pas comme l'article 8 la responsabilité au dommage résultant de l'annulation de la société ; cet art. 42 dit d'une manière générale et absolue que les *fondateurs et les administrateurs sont responsables solidairement envers les tiers, sans préjudice des droits des actionnaires.* Écartons d'abord les actionnaires ; il est évident que la règle posée sur la responsabilité à l'égard des tiers ne leur est pas applicable. Les actionnaires exerceront l'action en responsabilité basée sur le mandat qui lie les administrateurs vis-à-vis d'eux. La loi fait la même situation aux actionnaires des sociétés en commandite ou anonymes.

Les tribunaux auront à examiner si les actionnaires ne sont pas eux-mêmes en faute, et si quelques-uns n'avaient pas connaissance des irrégularités qui ont amené la nullité de la société, si le préjudice subi par les actionnaires résulte de la nullité de la société ou de toute autre cause ; dans ce dernier cas la demande des actionnaires ne serait pas recevable ; d'après ces données, les juges fixeront l'importance de la réparation due selon la gravité de la faute. L'action en responsabilité peut être exercée par le liquidateur représentant la masse des actionnaires, elle peut aussi être exercée par un ou plusieurs associés individuel-

lement, si l'annulation de la société leur cause un préjudice distinct de celui des associés (Req., 2 juil. 1873, S. 73-
1-306). Ce que nous décidons à l'égard des administrateurs
ou du conseil de surveillance serait également applicable
à l'action en responsabilité dirigée par les actionnaires
contre les gérants et les fondateurs eux-mêmes. L'action
en responsabilité qui serait dirigée contre ceux des associés qui n'ont pas fait approuver leurs apports conformément aux articles 4 et 24 n'est pas de nature à profiter
à certains actionnaires à titre individuel.

En principe l'indemnité due aux actionnaires, lorsque ce
droit est admis, doit être fixée à la somme par eux payée
pour chaque action, à supposer qu'elle ne dépasse pas le
taux nominal de l'action, par application de l'article 1151
C. c. qui veut que la réparation du préjudice soit bornée
à ce qui a été la suite immédiate et directe de l'inexécution de la convention (Paris, 5 août 1869, S. 70-2-33). La
restitution pourrait même dépasser le taux nominal de
l'action en faveur de l'actionnaire qui aurait acquis ces
actions à un prix plus élevé si la hausse des prix était le
résultat des manœuvres des gérants ou des administrateurs.

111. — Examinons l'étendue de la responsabilité des
fondateurs et des administrateurs à l'égard des tiers.

Dans un premier système on soutient que la responsabilité des administrateurs est, quant à son étendue, semblable à celle des membres du conseil de surveillance et
que les fondateurs et administrateurs ne sont responsables que du dommage résultant de l'annulation de la
société, dont le *quantum* sera arbitré par le juge.

Ce système puise un argument dans la modification de

rédaction du projet primitif de la loi de 1863. L'art. 12 portait « qu'en cas d'annulation de la société, les administrateurs seraient responsables solidairement et par corps, envers les tiers, *de la totalité des dettes sociales*, sans préjudice du droit des actionnaires ». Or, dans le projet définitif de la loi de 1863, l'art. 12 est devenu l'art. 25 dans lequel les mots « *de la totalité des dettes sociales* » ont été omis. Il est bon de dire qu'on ne sait guère la raison de cette suppression. L'art. 25 de la loi de 1862 a été reproduit dans l'art. 42 de la loi de 1867. On voit là une raison de décider que la responsabilité ne s'étend pas à toutes les dettes sociales. Pour expliquer la suppression des mots en question dans l'art. 25 ou invoque la loi du 6 mai 1863 qui dans la pensée de restreindre la responsabilité en matière de commandite a modifié les articles 27 et 28 du Code de commerce sur l'immixtion des commanditaires dans la gestion, pour soutenir que le législateur n'a pas entendu déployer tant de rigueur à l'égard des administrateurs. On fait remarquer que cette loi a précédé de peu de jours la loi du 19 mai 1863 sur les sociétés à responsabilité limitée. Enfin on dit que la loi qui nous régit, ayant restreint l'étendue de la responsabilité des conseils de surveillance, n'a pas voulu faire aux administrateurs une position aussi dure et que, si elle a reproduit textuellement l'art. 25 de la loi de 1863 c'est qu'à raison de la suppression des mots en question cet article se trouvait en harmonie avec l'art. 8 réglant la responsabilité du conseil de surveillance.

112. — A ces considérations on peut répondre que la loi de 1863 n'a pas pu traiter les administrateurs des sociétés anonymes d'une façon plus favorable que les membres des conseils de surveillance contre lesquels la loi de 1856,

alors en vigueur, contenait des dispositions très rigoureuses ; or il n'est pas contesté que la mission des administrateurs ne soit beaucoup plus importante que celle des
conseils de surveillance. Il est donc tout naturel que le
législateur ait pris à leur égard des mesures de garantie
beaucoup plus sévères (1).

En examinant le texte même de l'art. 42, on remarque
que la loi statue d'une manière absolue ; elle dit : « *les fondateurs et administrateurs sont responsables envers les
tiers* ». Ce texte est très énergique ; on ne s'exprime pas
autrement pour qualifier la responsabilité des associés en
nom collectif. L'article 44 déclare *les administrateurs responsables conformément au droit commun soit des infractions aux dispositions de la présente loi, soit des fautes qu'ils
auraient commises dans leur gestion.* Cet article suppose
que la société a été constituée régulièrement ; mais si la
même règle devait être suivie dans le cas où la responsabilité dérive de l'annulation de la société, l'article 42 serait
inutile, l'article 44 aurait suffi. Ajoutons que l'article 42
pose une règle différente au point de vue de l'action en
responsabilité selon qu'elle est exercée par les tiers ou par
les actionnaires, ce qui marque bien qu'il n'a pas entendu
faire allusion à la responsabilité de droit commun en ce
qui concerne l'action exercée par les tiers. Mais on dit que
la différence entre les caractères de la responsabilité prononcée sur ces deux articles porte sur ce que, dans l'article 42, elle est obligatoire et solidaire, caractères qui font
défaut dans l'article 44, mais que, pour les administrateurs qui ne répondent que de la nullité des actes et déli-

____

(1) Dans la commandite, il y aura toujours au moins un associé indéfiniment responsable, au lieu que dans la société anonyme, il n'y en a
aucun.

bérations, l'article 42 avait pour objet de faire connaître quels administrateurs seraient responsables. Cet argument nous paraît des plus simples ; car, à supposer que la loi n'eût pas dit que les administrateurs responsables seraient ceux en fonctions au moment où la nullité aurait été encourue, se figure-t-on que les tribunaux auraient jamais déclaré responsables les administrateurs qui n'étaient pas en fonctions à ce moment !

113. — Il est plus difficile de se rendre compte de la portée d'un argument qu'on tire de ce que les sociétés annulées pour vice de constitution doivent être liquidées d'après les bases de l'acte constitutif et de ce qu'une société annulée comme société en commandite par actions ne peut pas être tenue pour une société en nom collectif, et on nous oppose les motifs d'un arrêt de la Cour de cassation du 16 janvier 1858 (S. 58-2-269). Cet arrêt a décidé que « *les tiers ne sauraient être admis à étendre à tous les associés la responsabilité personnelle directe indéfinie, quand envers quelques-uns elle se restreignait à une portion déterminée de leur patrimoine»* : L'argument qu'on peut tirer de ce motif est que les actionnaires d'une société anonyme étrangers à la constitution de la société ne peuvent pas être tenus au delà du montant de leur souscription. Mais en ce qui concerne les administrateurs que la loi oblige à assumer la responsabilité de la régularité de la constitution, la décision ci-dessus rapportée est absolument dénuée d'intérêt. En principe les administrateurs ne contractent qu'une responsabilité limitée au montant des garanties déterminées par les statuts. Il est inexact de dire que les souscripteurs ne sont tenus que d'une *responsabilité* limitée ; le mot responsabilité ne s'applique pas aux engage-

ments contractés pour le compte personnel de celui qui s'oblige et dont le montant est dès à présent fixé. Nous disons que les administrateurs qui personnifient la société ne sont tenus que d'une responsabilité limitée; cette faveur est subordonnée à la condition expresse que l'être moral qui est la société, ait acquis l'existence légale, ou si par la faute des administrateurs l'être moral n'acquiert pas l'existence légale, il est juste que les fondateurs et les administrateurs qui sont tous en faute, selon la présomption de la loi, soient substitués à la société et qu'ils soient obligés solidairement entre eux, comme s'ils étaient associés en nom collectif, à répondre envers les tiers de tous les engagements contractés par la prétendue société.

114. — Les fondateurs et les administrateurs en fonctions au moment où la nullité est encourue sont perpétuellement responsables des suites des irrégularités qu'ils ont commises et même de celles apparues seulement après la cessation de leurs fonctions. La Cour de Paris, par son arrêt du 28 mai 1869, avait décidé que l'administrateur qui avait cessé ses fonctions n'était pas responsable des dettes postérieures à l'acceptation de sa démission, mais l'arrêt a été cassé sur ce point (1).

La responsabilité édictée par l'article 42 profite indistinctement à tous les créanciers de la société, soit qu'ils aient connu ou qu'ils n'aient pas connu la cause de la nullité, soit même qu'ils aient pris part aux actes qui l'ont entraînée.

______

(1) La prescription de cinq ans édictée au profit des associés non liquidateurs ne s'applique pas aux actions en responsabilité personnelle dirigées contre les fondateurs et administrateurs de la société annulée. (Trib. de com. de la Seine, 20 mai 1882; le *Droit* du 4 juin.)

Section III

Sanctions pénales.

115. — A côté des sanctions civiles que nous venons d'exposer la loi a établi, pour mieux garantir l'observation de ses prescriptions, des sanctions pénales contenues dans les articles 13, 14 et 15.

L'art. 13 prévoit d'abord l'émission d'actions d'une société constituée contrairement aux articles 1, 2 et 3. Il est à noter qu'il n'est pas fait mention des conditions prescrites par l'art. 4. Il en résulte qu'on peut émettre les actions d'une société qui, en cas de non approbation des apports, ne sera jamais constituée.

La jurisprudence admet qu'il n'y a pas d'infraction à la loi dans l'émission d'actions avant la souscription intégrale du capital social, alors qu'on a pris la précaution de ne pas constituer la société. C'est ce qui ressort d'un arrêt de la Cour de cassation (chambre criminelle) du 8 février 1861 (J. P. 1861, p. 349). Dans l'espèce on avait délivré aux souscripteurs des récépissés provisoires et au porteur. La cour suprême a décidé que le récépissé provisoire ne formant pas un titre d'action, et le souscripteur n'étant pas encore actionnaire, la remise de ces récépissés n'est qu'une simple tentative non prévue par la loi. Le deuxième motif de l'arrêt porte : « *sur le chef relatif à l'émission à la négociation d'actions au porteur avant leur entière libération, alors qu'elles ne pouvaient être que nominatives; attendu qu'après avoir déclaré en fait et en droit qu'il n'y avait pas eu émission d'actions, l'arrêt attaqué a pu de cette déclaration tirer cette conséquence qu'il n'y avait pas plus lieu à incriminer la forme que la valeur nominale des titres qui n'avaient pas le caractère d'actions, rejette....* »

Il est regrettable, à notre avis, que la Cour suprême ait reconnu la validité des négociations si favorables à l'agiotage. D'ailleurs, en ce qui touche la forme au porteur donnée à des récépissés provisoires, cette décision est très critiquable. La peine prononcée pour le cas d'émission d'actions irrégulières atteint le gérant, les fondateurs et les administrateurs et aussi le banquier comme complice. Cette peine consiste en une amende de 500 à 10,000 francs. La même peine est édictée contre le gérant qui commence les opérations sociales avant l'entrée en fonctions du conseil de surveillance.

Les deux derniers paragraphes de l'art. 13 prévoient la création frauduleuse d'une majorité factice dans une assemblée générale à l'aide de faux actionnaires et la remise d'actions pour un usage frauduleux ; mais ces délits sont rarement commis au début de la société. Dans les cas prévus par ces deux paragraphes, outre l'amende de 500 à 10.000 francs, la peine de l'emprisonnement de quinze jours à six mois peut en outre être prononcée (1). Nous exprimons le regret que la peine de l'emprisonnement n'ait pas été déclarée applicable également à l'émission d'actions d'une société constituée contrairement aux articles 1, 2 et 3. Ainsi en avait disposé la loi du 23 mai 1863 (art. 30) qui comme la loi de 1856 (art. 11), avait établi cumulativement l'amende et l'emprisonnement, en di-

_____

(1) Lors de la discussion de la loi, on présenta un amendement ayant pour objet de punir des peines du « faux » les faux actionnaires et ceux qui ont remis leurs titres ; c'était jouer sur les mots.

sant que ces peines pourraient aussi être prononcées séparément.

116. — L'art. 14 punit d'une amende de 500 à 10.000 francs, la négociation d'actions dont la valeur ou la forme serait contraire aux dispositions des articles 1, 2 et 3 de la présente loi ou pour lesquelles le versement du quart n'aurait pas été effectué conformément à l'art. 2. — Sont punis de la même peine comme co-auteurs du délit : 1° Ceux qui ont participé à la négociation, et 2° ceux qui ont publié la valeur desdites actions.

L'origine de cette disposition se trouve dans les lois du 15 juillet 1845 (art. 13) et du 10 juin 1853 (art. 3), mais ces lois n'atteignaient que l'agent de change qui s'était chargé de la négociation des récépissés. (Le maximum de l'amende n'était que de 2.000 francs). Cette disposition répressive fut écrite sous les lois de 1856 (art. 11) et de 1863 (art. 30) avec le caractère général qu'elle a dans notre loi actuelle.

En ce qui concerne la publication, la peine pourra être encourue par l'imprimeur et aussi par le gérant du journal qui aura publié la valeur, sans qu'ils soient admis à se prévaloir de ce qu'ils sont demeurés étrangers à la rédaction de l'annonce ; car, comme dit M. Dalloz père, *c'est par la publicité que l'annonce devient délit et cette publicité c'est le journal qui la donne... et non pas gratuitement ; car c'est là une source de bénéfices considérables pour les journaux*

115. — L'art. 15 énumère trois faits délictueux qu'il soumet aux peines édictées par l'art. 405 du Code pénal. contre le délit d'escroquerie. Ces faits qui ne sont d'ail-

leurs indiqués qu'à titre d'exemple, réserve faite des cas
où l'art. 405 serait applicable, sont :

1º Le fait d'avoir par simulation de souscriptions ou de
versements ou par publication faite de mauvaise foi de
publications ou de versements qui n'existent pas, ou de
tous autres faits faux, obtenu ou tenté d'obtenir des souscriptions ou des versements. En effet, le meilleur moyen
d'inspirer confiance est souvent de paraître l'avoir obtenue.
La loi punit la tentative du délit comme le délit lui-même.
Sur ce point notre art. 11 est en harmonie avec l'art. 405
qui prévoit la tentative de la manière la plus large.

2º Le second fait prévu et puni par l'art. 15 consiste à
publier, pour provoquer des souscriptions ou des versements les noms de personnes désignées, contrairement
à la vérité, comme étant ou devant être attachés à la société à un titre quelconque.

Ce fait, ainsi que le précédent, se produisait peut-être
aussi fréquemment qu'aujourd'hui, avant la loi de 1856, et
cependant ils demeuraient souvent impunis, parce qu'on
hésitait à leur reconnaître le caractère de *manœuvres* constitutives du délit d'escroquerie. Voilà pourquoi la loi de
1856 a édictées des dispositions répressives contre ces faits
assimilés au délit d'escroquerie et punissables des peines
de l'art. 405. L'art. 463 est déclaré applicable à toutes les
condamnations prononcées à raison des faits prévus par
les art. 13, 14 et 15 (art. 16) (1).

118. — En présence de l'art. 483 § 2, la question de savoir

(1) L'article 463 a été modifié par le décret du 27 nov. 1870. La peine
peut-être abaissée jusqu'au minimum des peines de simple police, c'est-à-
dire à un franc d'amende. — Sous la loi de 1856, l'article 463 n'était applicable qu'aux délits prévus par l'art. 13.

si les faits ci-dessus énoncés sont des délits ou des contraventions demeure entière et doit être résolue par l'examen des caractères propres à chacun de ces faits. Ce qui est hors de contestation, c'est que les faits relevés dans l'art. 15 constituent des délits et qu'il faut par conséquent se prononcer sur l'intention frauduleuse du délinquant.

L'émission et la négociation d'actions d'une société constituée contrairement aux prescriptions des articles 1, 2 et 3, sont en principes de pures contraventions résultant du fait matériel, indépendamment de l'intention frauduleuse ; mais comme elles sont punies de peines correctionnelles, avec admission de circonstances atténuantes, on admet qu'elles ont le caractère de délit, en ce qui concerne la prescription. (Cass. 11 août 1859) (1).

La prescription sera accomplie au bout de trois ans (art. 638, Code pénal).

Une question diversement résolue est celle de savoir si l'action en responsabilité basée sur les articles 8 et 42 de notre loi est soumise à la prescription triennale de l'art. 638. La dernière décision de la jurisprudence sur ce point est un arrêt de la Cour de Paris du 14 novembre 1880 (S. 82-2-17). Cet arrêt a décidé que « *l'action en responsabilité contre les fondateurs, administrateurs et commisaires de surveillance d'une société anonyme, alors qu'elle est fondée sur la nullité de la société par suite du défaut de souscription de l'intégralité du capital social et du défaut de versement du quart, n'est pas soumise à la prescription*

---

(1) Sur l'art. 14, la commission du Corps législatif avait proposé au conseil d'État un amendement énonçant que les faits ne seraient punis que s'ils avaient eu lieu *en connaissance de cause*, sans parler d'intention frauduleuse ; mais la commission retira son amendement devant l'admission de l'art. 463 pour les faits énoncés en l'art. 14.

triennale de l'art. 638 : car cette action prend sa source dans les dispositions civiles des articles 41 et 43 de la loi de 1867; or, la prescription de l'article 638 ne s'applique qu'autant que l'action a pour basse unique un crime, un délit ou une contravention (1).

D'autre part, un jugement du tribunal de commerce de la Seine, confirmé par la Cour de Paris (24 juin 1875) et par la Cour de Cassation (Req. 7 mars 1877, S. 78-1-97) a jugé « *qu'il résulterait des faits, s'ils étaient prouvés, qu'il y aurait violation des articles 1, 11 et 13 de la loi du 17 juillet 1856, et que le tribunal étant, dans un intérêt d'ordre public, à la fois le juge de l'action et de l'exception, il y avait lieu de reconnaître si l'action était prescrite, plus de trois années s'étant écoulées sans qu'il y eût eu aucun acte d'instruction ou de poursuites* ». Tout en nous rendant compte de la valeur des arguments sur lesquels s'appuie cette dernière décision, nous prenons parti pour le système admis par l'arrêt de la Cour de Paris, rapporté ci-dessus. Voici le motif qui nous détermine.

L'action civile qui peut être couverte par la prescription triennale est celle *résultant du délit*, et cela se justifie par la nécessité d'éviter le scandale qui résulterait d'une déclaration de culpabilité prononcée sur la demande de réparation d'un préjudice devant laquelle les tribunaux de répression demeureraient désarmés. Mais ici l'action a pour cause et pour principe la responsabilité édictée par les art.

---

(1) En ce qui touche les commissaires de contrôle, la question n'est pas douteuse. L'art. 638 ne peut pas les protéger contre l'action en responsabilité dirigée contre eux, en raison des termes de l'art. 43, qui dit : L'étendue et les effets de la responsabilité des commissaires envers la société sont déterminés d'après les règles générales du mandat », c'est-à-dire d'après l'art. 1992, C. c.

8 et 42, abstraction faite des actes délictueux qui ont pu être accomplis lors de la constitution de la société. La responsabilité est la conséquence de la nullité de la société. Les fondateurs et administrateurs sont responsables de ce que le capital social n'a pas été intégralement souscrit, et non parce qu'il y a eu simulation de souscriptions ou de versements. Le fait délictueux aurait seulement pour effet d'engager leur responsabilité vis-à-vis de ceux des souscripteurs qui auraient été déterminés à souscrire par la publication, faite de mauvaise foi, de souscriptions ou de versements qui n'existent pas, parce qu'ici le délit serait la source de l'action. Mais comme la simulation de souscriptions ou de versements, n'est un délit que si elle a été faite de mauvaise foi et si on a par ce moyen obtenu ou tenté d'obtenir des souscriptions ou des versements, il faut décider que si l'un des caractères du délit faisait défaut et si la société était cependant annulée pour défaut de souscription intégrale, l'action des souscripteurs ne serait plus qu'une action en responsabilité se prescrivant par trente ans (1).

120. — La répression des délits et contraventions relevés dans les articles 13, 14 et 15, peut-elle être poursuivie contre les sociétés étrangères? La question est controversée dans la doctrine; mais la jurisprudence se décide pour la négative (Cour de Paris, 22 février 1866, Gaz- des trib., 9 mars 1866, et Paris, 13 juin 1872, S. 72-2-96). La raison de décider pour la jurisprudence est que la loi de 1867 n'a été faite que pour les sociétés françaises. Cette décision générale nous semble critiquable. Les infractions releéves

----

(1) En ce sens. note de M. Valley (S. 1882, n° 17).

par les articles 13, 14, 15, nous l'avons vu, ne sont point toutes du même genre. Tout en reconnaissant que les articles 13 et 14 ne sont pas applicables aux sociétés étrangères. nous croyons que la répression des faits délictueux prévus par l'art. 15 pourraient être poursuivie contre les sociétés étrangères, à raison de l'analogie qui existe entre ces faits et le délit d'escroqueries par l'application de l'art. 3 C. c., § 1 : « Les lois de police et de sureté obligent tous ceux qui habitent le territoire. »

121. — La jurisprudence paraît cependant bien fixée en sens contraire.

La Cour de cassation a décidé que les dispositions des articles 15 et 45 ne seraient pas applicables aux sociétés civiles constituées sous la forme de sociétés anonymes, et notamment aux sociétés d'assurances mutuelles sur la vie soumises à l'autorisation et à la surveillance du gouvernement. (Ch. crim., 28 nov 1873, S. 75-1-281).

Cette décision qui se justifie en tant qu'elle s'applique aux sociétés d'assurances mutuelles sur la vie régies par l'art. 66 de notre loi, serait très critiquable si on prétendait, comme l'affirme la Chambre criminelle, que les articles 15 et 45 de notre loi sont exclusivement applicables aux sociétés commerciales. (En ce sens, M. Pont, n° 1314).

122. — Le dernier alinéa de l'art. 15 (1) porte : « Les membres du conseil de surveillance ne sont pas civilement responsables des délits commis par le gérant. » Cette disposition est nouvelle. Avant la loi de 1867 le principe con-

---

(1) Le troisième paragraphe de l'art. 15 est étranger à notre sujet, car il prévoit un fait qui ne peut s'accomplir qu'au cours de la société, la distribution de dividendes fictifs au moyen d'inventaires frauduleux.

traire était admis par la jurisprudence. Le conseil de surveillance était déclaré responsable des actes du gérant par application de l'art. 1384. Cass., 2 avril 1859; S. 56-1-353; Rouen, 13 janv. 1860, S. 60 2-89 ; Paris, 27 août 1861, S. 62-1-631).

La disposition insérée à la fin de l'art. 15 a pour objet d'empêcher que les membres des conseils de surveillance soient cités devant le tribunal correctionnel pour y répondre comme civilement responsables des délits du gérant. Ils seront cités devant les tribunaux ordinaires pour être condamnés à la réparation du préjudice causé par leur négligence. Notre loi écarte la responsabilité civile et ne laisse place qu'à la responsabilité personnelle, d'où il suit que la demande basée sur la responsabilité personnelle ne pourrait pas être repoussée par une fin de non recevoir tirée de l'extinction de l'action publique à l'égard du gérant et que, bien que le gérant traduit en police correctionnelle eût été acquitté, les membres du conseil de surveillance pourraient encore être attaqués en responsabilité du dommage résultant de l'annulation de la société.

Paris. — A. PARENT, imprimeur de la Faculté de médecine, rue Monsieur-le-Prince, 31.
A. DAVY, successeur.

IMPRIMERIE CENTRALE DES CHEMINS DE FER. — IMP. CHAIX. — RUE BERGÈRE, 20, PARIS. — 3306-3.